哈佛家训 Ⅳ

一位哈佛博士的教子课本

〔美〕威廉·贝纳德◎编著　张 玉◎编译

HARVARD
FAMILY INSTRUCTION

中国妇女出版社

图书在版编目（CIP）数据

哈佛家训Ⅳ：一位哈佛博士的教子课本 /（美）威廉·贝纳德编著；
张玉译—北京：中国妇女出版社，2012.8

ISBN 978-7-5127-0435-0

Ⅰ.哈… Ⅱ.①贝… ②张… Ⅲ.人生哲学－通俗读物 Ⅳ.G78-49

中国版本图书馆 CIP 数据核字 (2012) 第 088724 号

哈 佛 家 训Ⅳ

作　　者：（美）威廉·贝纳德 著 张玉 译
责任编辑：朱婷婷
装帧设计：红十月
出　　版：中国妇女出版社出版发行
地　　址：北京东城区史家胡同甲 24 号　邮政编码：100010
电　　话：（010）65133160（发行部）（010）65133161（邮购）
网　　址：www.womenbooks.cn
经　　销：各地新华书店
印　　刷：三河市三佳印刷装订有限公司
开　　本：170×230　1/16
印　　张：16
字　　数：300 千字
版　　次：2012 年 8 月第 1 版
印　　次：2024 年3月第21次印刷
书　　号：ISBN 978-7-5127-0435-0
定　　价：29.80 元

序　言

当我们怀着虔诚的心，把《哈佛家训Ⅳ》奉献在父母和孩子们面前的时候，时间已经进入了2012年的夏天，离这套书的第一部《哈佛家训》的出版，差不多已经过去10年。

在这个一切都速成的时代，我们用异乎寻常的慢速培植着一本书。2004年春天，我们出版了“哈佛家训”系列的第一部《哈佛家训》，以独特的理念和形式，为中国的“家训”注入了新的内涵，从而使这个被历史掩藏了很久的教育概念重新绽放光彩，一时引起了众多出版界人士和新闻媒体的关注。时隔三年后的2007年，该系列的第二部《哈佛家训Ⅱ》出版，再过三年，《哈佛家训Ⅲ》出版。如今历时经年，《哈佛家训Ⅳ》终于得以诞生。

我们之所以这样对待一本书，只是希望它能像一颗珍珠那样长大，在时间中沉淀出思想，在静默中蓄积出光华，在磨砺中提炼出智慧，当父母和孩子们捧在手上的时候，他们能够从其中得到心灵的教益，得到思想的熏染，得到惠及终生的启迪。我们希望这套书，是一部可以对父母、孩子、家庭、社会同时产生优良影响的书，是一部能够传播美之理想、善之操行、爱之温馨的书，是一部可以经受岁月考验的书。

当《哈佛家训》出版后不久，出版界就相继出现跟风和模仿，到现在为止，图书市场上已经有数十种面目各异的“哈佛家训”系列图书——有的被冠以“哈佛家训精华版”、“哈佛家训全集”、“哈佛家训大全集”、“哈佛家训畅销珍藏版”、“哈佛家训典藏版”、“哈佛家训黄金典藏版”；有的被冠以“哈佛家训——美国一百年来最成功的家教经典”、“哈佛家训——全世界家长都在使用的教子智慧”、“哈佛家训——哈佛教育中深藏的秘密”、“哈佛家训——世界上最成功的教子读本”；有的为了混淆真伪，不惜使用与这套书同样的编者姓名，使用与本套书几乎同样的封面设计，使用与本套书完全一样的版式，甚至大量抄录本套书中现成的内容和评点……

这一切不只发生于“哈佛家训”，任何稍有畅销潜质的图书几乎都会遇到相似的尴尬，而基本手法无外乎如上枚举。这是出版界的难堪，是教育的难堪，是道德的难堪，是创造力的难堪，是诚信和正义的难堪——在中国，在21世纪，在精神文化领域，在出版家中间，这样的现象令人感叹而无言！

不过，这正是我们最初出版《哈佛家训》的初衷，这套书开宗明义就是讲的“品性”，此外还有“自律”、“尊重”、“信念”、“博爱”、“孝道”、“至诚”、“操守”，等等，因为这些都是现今社会严重缺失的素质。出版这套书，就是为了唤醒我们丢弃已久的廉耻之心，为了拯救早已被我们遗忘的纯良美德，为了完善所有被金钱和名利所异化的人性。

多少年来，读者一直热心支持我们这套书，父母将它们作为亲子教育的课本，学校把它们当做品性培养的教材，老师把它们作为写作训练的范文，企业把它们当做员工的励志手册，不少城市和地区把它们定为市民修养的必读书。作为出版者，我们万分感激，也无限欣慰。

如果有一个孩子因为这套书而有所进步，有一个父母因为这套书明白了教子之道，有一个普通人因为这套书而改变了命运，那么作为出版者，我们就感到心满意足。

倘若书中有一个故事让你感动，有一句话让你觉悟，有一段评点给了你特别的启示，那么，请你把这个故事告诉一个人，把这句话对一个需要的人转述，把这段评点同别人一起分享，那么，我们就共同完成了这套书的义务和责任，我相信，世界将因为你和我的这份努力而有所不同！

这就是我们的全部期待和盼望。

目录

Harvard Family Instruction

孝道——天地人伦的通则

操守——磊落刚正的美质

善意——朴厚温纯的心念

目录

Harvard Family Instruction

目录

Harvard Family Instruction

世相——冷暖炎凉的情态

境界——格调品位的高下

至诚——重诺不悖的信义

目录

Harvard Family Instruction

视野——俯瞰寥廓的识见

人生——驭风激浪的历程

孝道

天地人伦的通则

HARVARD FAMILY INSTRUCTION

苏霍姆林斯基的玫瑰

学校的花房里开出了一朵硕大的玫瑰花，全校师生都非常惊讶，每天都有许多同学来观看。这所学校的校长叫苏霍姆林斯基，他是苏联著名的教育家。

一天早晨，苏霍姆林斯基在校园里散步，看到一个 4 岁的小女孩走进了花房，伸手摘下那朵硕大的玫瑰花，紧握在手中从容地往外走。

苏霍姆林斯基很想知道这个小女孩为什么摘花，于是，他慢慢走到小女孩跟前，弯下腰，亲切地问："孩子，你摘这朵花是送给谁的？能告诉我吗？"小女孩害羞地说："奶奶病得很重，我告诉她学校里有一朵开得很大的玫瑰花，奶奶有点不信，我现在摘下来送给她看，看过了我就把花送回来。"

听了孩子天真的回答，苏霍姆林斯基的心颤动了。他拉着小女孩，再次走进花房，又摘下了两朵玫瑰花。他对孩子说："这一朵是奖给你的，你是一个懂得爱的孩子；这一朵是送给妈妈的，感谢她养育了你这样好的孩子；那一朵最大的，就送给你的奶奶，你告诉她，是校长送给她的。"

爱像一朵花，当它开放的时候，要有人欣赏，更要有人呵护。

三朵玫瑰，从一个教育家的手中传给女儿，传给妈妈，传给奶奶……一个伟大的民族，就是这样传承自己的爱，传承高贵的教养，传承社会的美德。

一个普通的清晨，因为小女孩而无比温馨；一朵普通的玫瑰，因为苏霍姆林斯基而变得意味深长。

七颗钻石

很久很久以前，地球上发生过一次特大旱灾，所有的河流和水井都干涸了，草木丛林也都枯萎，许多人及动物都焦渴而死。

一天夜里，一个小姑娘拿着水罐走出家门，为她生病的妈妈去找水。小姑娘哪儿也找不到水，累得倒在草地上睡着了。当她醒来的时候，拿起罐子一看，罐子里竟装满了清亮新鲜的水。小姑娘喜出望外，真想喝个够，但又一想：这些水给妈妈只怕还不够呀，就赶紧抱着水罐跑回家。

她匆匆忙忙地跑，没注意到路上有一只小狗，她绊倒了，水罐掉在地上。小狗哀哀尖叫起来，小姑娘赶紧去抢水罐。

她以为水一定都洒完了，但是没有，罐子端端正正地在地上放着，里面的水还是满满的。小姑娘把水倒一点儿在手掌里让小狗喝，小狗高兴地站了起来。当小姑娘再次捧起水罐时，木头做的水罐竟变成了银水罐。

小姑娘把水罐带回家，交给了妈妈。妈妈说：“我反正就要死了，还是你自己喝吧。”又把水罐递给小姑娘。就在这一瞬间，水罐又从银的变成了金的。这时，小姑娘再也忍不住，正想凑上水罐去喝的时候，突然从门外走进来一个过路人，他饥渴难当，要讨些水喝。小姑娘咽了一口唾沫，把水罐递给了过路人。

这时，从水罐里跳出了七颗很大的钻石，接着从里面涌出了一股巨大的清澈而新鲜的泉水。那七颗钻石慢慢升到天上，变成了七颗星星，后来它们变成了大熊星座。

什么样的炼金术可以让木头变成金子？这个故事的答案是：爱心。

爱，每分享一次，就会变得更多；每传递一次，就会变得更重。

爱创造奇迹——人们总是在盼望奇迹，什么时候自己去创造一个奇迹呢？

树上有只鸟

夜晚，一位父亲和他的儿子在院子里散步。儿子已经大学毕业，在外地工作，好不容易才回一次家。

父子俩坐在一棵大树下，父亲指着树枝上的一只鸟问："儿子，那是什么?"

"一只乌鸦。"

"是什么?"父亲最近听力有点衰退，视力也开始下降。

"一只乌鸦!"儿子回答的声音比第一次大，他以为父亲刚才没听清楚。

"你说什么?"父亲又问道。

"是只乌鸦!"

"儿子，那是什么?"

"爸爸，那是只乌鸦！听到没有？是只乌——鸦!"儿子已经变得不耐烦了。

父亲听到儿子的回答，没有说一句话。过了一会儿，他突然站起身，慢吞吞地走进屋里。几分钟后，父亲回到儿子身边坐下，手里多了一个发黄的笔记本。

儿子好奇地看着父亲翻动着本子，那是父亲的日记本，上面记载着父亲日常生活的点点滴滴。父亲翻到25年前的一页，然后开始读出声来：

"今天，我带着儿子到院子里走了走，我俩坐下后，儿子看到树枝上停着一只鸟，问我：爸爸那是什么呀？我告诉他，那是只乌鸦。过了一会儿，儿子又问我那是什么，我说，那是只乌鸦……

“儿子反复地问那只鸟的名字，一共问了25次，每次我都耐心地重复一遍。很高兴能有这样的机会，我知道儿子很好奇，希望他能记住那只鸟的名字。”

当父亲读完这页日记后，儿子已经泪流满面。“爸爸，我对不起您，请您原谅我吧！”父亲伸手紧紧抱住儿子，布满皱纹的脸上露出了一丝笑容。

每个父母的生命中，都有一本爱的日记，里面记录的都是子女的成长——每一天，每一月，每一年……还有那些辛劳，那些期盼，那些宽容，那些无奈，以及那些无声的教诲和叮咛。

可是世间的儿女，有多少人细心翻阅过这本日记？有多少人理解那些浸透着汗水和心血的艰难？

耶鲁的新生

在耶鲁大学的入学典礼上，校长每年都要向全体师生特别介绍一位新生。这一次隆重推出的，是一个自称会做苹果馅饼的女学生。

耶鲁不乏多才多艺之人，怎么只推荐一个特长是做苹果馅饼的人呢？原来，每年的新生都会填写自己的特长，而几乎所有的同学都选择诸如运动、音乐、绘画、数学等，从来没有一个人会写“擅长做苹果馅饼”。

想一想，什么样的孩子才会做苹果馅饼呢？

校长当场问这个女孩：“你是怎样学会做苹果馅饼的呢？”这个女生回答：“我们家有很多兄弟姐妹，小时候，爸爸妈妈为了养育我们十分辛苦。尤其是妈妈，她每天从早忙到晚，还是无法应付一家人的生活。为了减轻妈妈的负担，我从小就开始用业余时间帮助她料理家务。因此，我学会了带弟弟妹妹玩耍，学会了剪纸娃娃、折纸飞机，还学会了做蛋糕、做面包，当然也学会了做苹果馅饼。”

这真是一个令人敬佩的学生。那些填写喜欢运动、音乐、绘画的人，可能也就是会打打羽毛球、吹吹口哨或者画几笔素描。由于他们只是会一些小孩玩耍的小技能，所以就用一个笼统的概念把自己的特长放大。而会做苹果馅饼的特长，不仅显示出一种天真可爱，同时也是一种自信，最重要的，其中包含了对父母的爱心，所以最能打动人。

一只小苹果馅饼，不仅表现了劳动的价值，还体现了一个女孩真诚的孝心，她知道感激，知道报答，知道自立——这也许正是耶鲁大学所追求的教育真谛！

最后一次

你最后一次告诉父母，你多么感激能成为他们的孩子，是什么时候呢？

你最后一次告诉父母，你多么抱歉过去带给他们的麻烦，是什么时候呢？

你最后一次看着父母，然后在心里说，“感谢老天爷，把他们带给了我”，是什么时候呢？

你最后一次拥抱父母，然后说，“感谢你们给我的关爱和呵护，我多么爱你们”，是什么时候呢？

你最后一次买礼物送给父母，除了他们生日之外，是什么时候呢？

你最后一次为父母祝福，是什么时候呢？

你最后一次使父母以你的成就而自豪，是什么时候呢？

你最后一次取消约会，只因你想单独和父母在一起，是什么时候呢？

你最后一次想带父母一起去游玩，是因为看到广告上介绍一个美丽的地方，是什么时候呢？

你最后一次跟父母说，“嗯，爸爸妈妈，休息一下，今天该轮到我打扫屋子了”，是什么时候呢？

你最后一次走在回家的路上，只是想见到父母，是什么时候呢？

你最后一次骄傲地告诉朋友，你的父母有多么伟大，是什么时候呢?

你最后一次想到上面所有这些，是什么时候呢?

记着，在你说话之前，你的父母为你做了所有这些事情。他们做这些，不是因为他们必须要那样做，而是因为他们爱你，他们会永远永远反复做这些。

对于你的父母来说，爱你就好像呼吸一样，他们怎么可能会停止呢?

妈妈，你快点洗嘛，我们都等着你啦！快点儿！快点儿!! 再快点儿!!!

父母时刻都惦念着儿女，儿女时刻却惦念着名利；父母让我们幸福，我们让父母伤心；父母关心我们的健康，我们关心父母的财富；我们总在父母的梦里，父母却总在我们的遗忘中。可怜天下父母心，可叹天下儿女心……

当我们要求幼小的儿女孝敬我们的时候，我们是否在对自己年老的父母尽孝?

我们的父亲母亲

每个人从小都会有一种依赖感，反正世界上有两个人，不论你怎么和他们吵得不欢而散，不论你怎么忽略他们的存在，不论他们自己有多少心事你都不管不顾，不论你跑得再远离家再久，他们都会原谅你，而且对你的关怀永远不变。

即使他们骂你，即使他们说不再理你，那也只是气话，其实他们早已经原谅了你，或者说，他们根本都没有责怪过你。因为在他们心中，你永远都是不懂事的孩子。他们的双手随时准备着帮助你，在你不知道的时候，他们时刻都在用心祝福你、拥抱你。

这两个人我们并不陌生，他们就是我们的父亲母亲。

但是，有一天他们躺进了医院，神志不清，胡言乱语；或者把你当成别人，不能吃饭，不能喝水，每晚必须有人替他们盖被子，帮他们上厕所；他们完全不能走路，需要你用力搀扶；也许要住在加护病房，头上插着针头和软管……

这时，你会领略到，父母不是永远都站在那儿，永远守护在你的生活中。你会突然悔悟，你原来的所有忽略是多么残忍，你欠他们的，多到你无法清算。这时，你希望一切重来，希望让自己重新做一次他们的孩子——你希望还有报答的机会。

直到神接受了你的祈祷，他们终于康复了。你一定要让他们知道，你也爱他们，而且也关心他们。在我们都还在这个世界上的时候，作为子女，你要努力补偿对他们的亏欠，努力让他们知道，他们原来的一切付出都没有白费。

记住我们的父亲母亲，记住他们辛勤劳作的样子，记住他们任劳任怨的表情……父母不说话，他们用一双手教导我们，用一颗心养育我们。

无论我们正在做什么，无论我们准备做什么，首先想一想：我的言行是否对得起那两个默默哺育我的人？

别让感激迟到

哈里是一位心理辅导师，在一次演讲中，他引用诺贝尔和平奖获得者艾伯特·史怀哲说过的一段话作为开始：“有时候，我们心中的火焰熄灭了。但是，当我们遇到某个人时，它又会再次燃烧起来。我们每一个人都应当对这个重燃我们内心火焰的人心怀最深的感激。”

然后，哈里请听众们闭上眼睛，回想在生命旅程中曾经重燃他们内心火焰的某个人。他留给听众几分钟时间静心思考，当他们回忆起自己在最需要得到帮助、支持而如愿以偿的那一刻，心情一定会无比的快乐。因为他本人曾有过这样的体验，那种感觉十分美好。

接着，哈里让听众们写下他们心中想到的那个人的名字，并且说服他们在未来的72小时内行动起来，亲自向这个人表达他们的感激之情。他建议他们打电话或写信。如果这个人已经辞世，哪怕做一次小小的祷告也行。

两个半月后，哈里接到了那次听了他演讲的一位听众打来的电话。电话里，他声音哽咽，几乎不能把话讲下去。他说他差不多花了两个月的时间才找到他十分想感激的那个人，是他的小学老师。他给这位老师写了一封信，并且很快收到了这位老师的回信。

亲爱的约翰：

你可能不会想到你的来信对我来说意义有多么重大。我已经83岁了，独自一人住在一间屋子里。我的朋友全都离开了人世，我的家人也已经不在了。我教书50余年，却是第一次收到学生的感谢信。我曾经对我一生所做事情的价值感到过怀疑，现在，这种怀疑消失了。我将反复阅读你的来信，直到生命的尽头……

约翰在电话里不停地抽泣。他说："每一次同学聚会，我们总会说起她。她是我们最喜欢的老师———我们爱她！可是没有一个人告诉过她……直到她收到我的信。"

我们生活在物质的年代。馈赠礼品表达感激，是全世界通行的做法。然而，巧克力很快就会被吃掉，甚至连珠宝首饰也可能会弄丢或摔坏，唯有感激才永恒不变。把感激的话语当做礼物，送给那个曾经触动过你生命的人吧……就在今天！

那些曾经在我们生命里驻足过的人，那些点燃过我们生命激情的人，在我们年少的时候，把关怀和爱无私奉献给我们的人，那些老师，那些长者，那些前辈……如今他们老了，岁月从他们的身边逝去。我们能否像对待父母那样对待他们？在他们孤独寂寞的时候，把我们的一份问候奉上，像当年他们把爱捧给我们一样？

父亲的脚

木村大学毕业去一家公司应聘。社长看完他的简历，审视着他的脸，问：“你替父亲洗过澡、擦过身吗？”年轻人红着脸低下了头；“那么，你替父亲捶过背、洗过脚吗？”年轻人想了想说：“只捶过背，那还是在我小的时候。”

社长对木村说：“请你明天再来吧。不过，刚才你说的从来没有做过的事，明天来这里之前，希望你做一次，好吗？”

木村家境寒微，他刚出生不久母亲便去世了，父亲没有再婚，亲手将他养育成人。这么多年过去，父亲的鬓发开始斑白，腰背也开始弯曲，但父亲依然辛苦劳作。

木村回到家，父亲见儿子要替他洗脚，感到很奇怪：“我的脚还是我自己来洗吧。”儿子将洗脚的原委说了，父亲很理解，便按儿子的要求坐下。

右手拿着毛巾，左手握住父亲的脚，木村这才发现，父亲的那双脚已经像木棒一样僵硬，他不由得捧着那双脚潸然泪下。在读书时，他心安理得地花着父亲如期寄来的学费和零花钱，现在他才知道，那些钱都是来之不易呀。

第二天，木村去见社长，对他说：“现在我才知道，您为什么要我这么做，谢谢社长。我会努力工作，照顾好父亲，再不让他受苦。”

社长点点头，说：“你明天就来上班吧。”

养育的恩情就像阳光，照耀了我们，却什么都没有留下；养育的恩情就像雨露，滋润了我们，却什么都没有留下。所以，我们会忽略那些恩情，藐视那些恩情，把一切看成理所当然，以为钱是从钱包长出来的，以为大米是从米桶生出来的，以为牛奶从来就在冰箱里……看见父亲的双脚，握着父亲的双手，就会知道，我们曾经享有过的一切，竟是如此来之不易！

上帝造的母亲

上帝创造母亲时，他一连工作了六天。天使问：你为什么在这上面花这么多的时间？

上帝说：你注意她身上那些特殊的材料了吗？她必须是完全经得起风雨洗礼的，她靠剩饭剩菜就能活下来；她坐着时，腿上的空间能同时坐下三个孩子；她拥有能愈合一切伤口的亲吻，无论是擦伤的膝盖还是受伤的心灵；她还有六双手。

天使十分惊讶；六双手？不可能！

你知道，她经常要拿很多东西，装衣服的提包，盛食物的炊具，还有一些破旧的小玩偶，当然，还要抱几个孩子……

哦，不仅如此，母亲还必须有三双眼睛！上帝接着说，一双眼睛是在她询问孩子其实她早已知晓的事情时，用来洞悉他们禁闭的心扉；另一双眼睛长在她的脑袋后面，用来看那个磨磨蹭蹭的小东西；第三双眼睛长在她的脑袋前面，用来注视那个淘气的宝贝，用眼神告诉他自己的理解和爱，而不用只言片语。她生病时能自己治疗，她也能只用一块面包就支撑一个六口之家，能让每一个孩子风雨无惧。

天使凑近了些，摸了摸女人，说，你怎么把她做得这么软！

是的，她很柔软，但我也已经使他很坚硬。你无法想象她能承受什么样的痛苦，成就什么样的业绩。

天使发现了什么，伸手摸了摸女人的脸颊，说，好像有什么东西渗漏出来了，我说过的，你放了太多东西在母亲身上！

那不是漏的，那是一滴眼泪。上帝说。

天使被打动了：你真是一位天才，上帝。你为母亲考虑到了一切！你甚至为她创造了眼泪。真的，你每件事情都做得完美无瑕……母亲真是太神奇了！

上帝看着天使，笑着说：恐怕你又错了。我创造了母亲，但是，她自己创造了眼泪。

儿子，这是电熨斗，不是取暖器。快点停下来，这很危险！

可是，你不觉得在这么冷的早晨，我很需要一个这样的东西吗？

母亲的温柔和坚强是上帝所赐，母亲的眼泪是自己创造，因为痛苦，因为艰辛，因为过多的负重——而这一切，都是儿女所加。天下为人子者，是否明了？

陌生守护者

护士领着一位疲惫又急切的士兵来到病床边。“你的儿子来看你了。”她对老人说。护士说了好几遍，老人的眼睛才费力地睁开，他双眼模糊地看到一位海军士兵站在氧气瓶旁边。

老人虚弱地伸出一只手，士兵马上把它握住，并轻轻地抚摸，用无声的语言传达着安慰。护士搬来了一把椅子，让士兵坐在床边，他就这样握着老人的手，整夜陪伴在光线暗淡的病房里。护士不时提醒他休息一会儿，但他每次都拒绝了。

护士一次次走进病房，她知道士兵一定注意到了自己，但是无论是她给病人换氧气瓶，还是夜班人员互致问候，或者是其他病人的呻吟，这些吵闹声好像对士兵都没有什么影响。老人躺在床上什么也没说，只是紧紧握着儿子的手。

黎明的时候，老人去世了。士兵难过地出去通知护士。护士把一切处理好之后，开始安慰士兵，让他节哀。这时，他打断了护士的话：“请问，这位老人是谁？”护士吃了一惊，说：“他是你的父亲呀！”“不，他不是，”士兵回答，“我从来没见过他。”“那么，为什么你刚见到他的时候不说呢？”“叫我来守候老人的时候，我知道一定是误会了，但我知道他需要他的儿子，而那个儿子却不在。他已经病得认不出自己儿子了，但我知道他希望儿子在身边陪护，所以我就决定留下来。”

如果有人也需要你陪伴，请你留下来，你会这样做吗？

爱自己的父母，也爱别人的父母，这才是真孝，才是大孝。

真的爱，是“幼吾幼以及人之幼”；真的孝，是“老吾老以及人之老”。天下人的父亲，就是我的父亲，天下人的母亲，就是我的母亲——这样的孝心，可以让四海为一家，人间如天堂。

你是否这样报答

1岁时，妈妈喂你吃饭，还给你洗澡。你报答她，整晚大哭大闹。

3岁时，妈妈怜爱地把一盘红草莓放在你面前。你报答她，一挥手将盘子扫落在地。

4岁时，妈妈给你买来彩色画笔。你报答她，把五颜六色涂满了墙壁和餐桌。

5岁时，妈妈给你买了漂亮的衣服。你报答她，穿上后就跳进泥坑打滚。

7岁时，妈妈给你买了小皮球。你报答她，把球投掷到邻居的窗户里。

9岁时，妈妈付了很多钱让你学钢琴。你报答她，常常旷课并且从不练习。

11岁时，妈妈送你和朋友去电影院。你报答她，要她坐到另一排去。

13岁时，妈妈建议你剪个得体的发型。你报答她，说她没品位，然后专门理了一个鸡窝头。

14岁时，妈妈借钱送你进夏令营一个月。你报答她，整整30天没写一封信回家。

15岁时，妈妈下班回家，渴望得到一个拥抱。你报答她，把房门反锁着，一叫三不应。

16岁时，你中学毕业，妈妈做了一桌子饭菜等你。你报答她，和同学们在酒吧聚会，通宵都不见踪影。

17岁时，妈妈在等一个重要电话。你报答她，握着电话和同学聊了一个晚上。

18岁时，妈妈手把手教你开她的车。你报答她，逮着机会就把车开得不见踪影。

19岁时，妈妈送你上大学，为你提着皮箱。你报答她，在宿舍门外说了声再见就溜掉了。

20岁时，妈妈问你："你整天去哪里了？"你报答她，对她说："我去哪里是我自己的事。"

25岁时，妈妈帮你买家具，让你布置你的新家。你报答她，对朋友说，她买的家具真是老土。

30岁时，妈妈对怎样照顾婴儿提出忠告。你报答她，对她说："你知道吗？现在时代不同了。"

40岁时，妈妈提出想见见孙儿孙女，你报答她，对她说："孩子和你在一起觉得没意思。"

50岁时，妈妈经常患病，需要你看护。你报答她，给她读一本教人怎样自立自强的书。

终于有一天，妈妈离开了你。突然，你想起了许多该做却从来没做过的事，它们像榔头击打着你的心……

母亲是人生的故乡，无论你走多远，她总是在那里为你祝福，为你守望；母亲是心灵的港湾，无论你流多少泪，受多少苦，她总会为你分担，为你抚慰。

母亲是什么？母亲是——我们可以随便伤害她，但她却总是怕我们受到伤害的那个人；我们经常遗忘她，而她却总是把我们挂在心上的那个人……

为何世世代代总有可怜的母亲？为何世世代代总有不孝的子女？是母亲的错，还是子女的错？

等一等

2009年美国网球公开赛精彩纷呈，跌宕起伏的赛事让观众看得惊心动魄，如痴如醉。

在紧张激烈的角逐中，有时也会出现一些"意外"插曲，这些插曲有时格外让人心动。一个男子单打赛场上，观众席几乎坐满了人，大家都目不转睛，期待着比赛尽快开始。两名运动员也摩拳擦掌、跃跃欲试，发球运动员数次将球举过头顶，蓄势待发。但裁判微笑着示意他再等一等。

裁判迟迟不肯鸣哨开球，观众席上开始躁动起来，持球运动员再次将球举过头顶，期待着裁判开球的哨声响起——在网球场上，裁判有着绝对的权威，纵使如此，裁判也不能随意延误比赛。在观众的不满声中，运动员也不禁向裁判耸肩表达自己的不解。

在万众瞩目的赛场中，裁判仍然不急不躁，他微笑着指向观众席。这时候大家才发现，有位老人正步履蹒跚地走向自己的座位。赛场一下子安静下来，大家的目光转瞬间变得温柔，两名运动员垂手肃立，耐心等待着那位老球迷落座……

这个镜头在随后的日子里被电视台反复播放，播放次数甚至超过了网球场内精彩镜头的次数。许多观众认为，这个画面堪称本届美网比赛中最温馨、最经典的镜头。

如果你是这场球赛的裁判，如果满场的观众都在催促你赶快开球，面对那个还没有落座的老人，面对蓄势待发、急不可耐的运动员，你会做何选择？你会不会把万众的呼声和一个老者此时此刻的心放在一起掂量？你有没有那份孝心和勇气，站在那里，等一等？

老人没有地位的国家，不是好国家；知道尊老的民族，才是优秀的民族。

施罗德的誓言

1944年4月7日，施罗德出生在德国北威州一个叫莫森贝格的小村庄。几乎就在他出生的同时，他的父亲在“二战”中死于罗马尼亚战场。他的母亲靠打短工和借债，艰难地维持着一家人的生计。

有一次，讨债人逼上门，把无钱偿还的母亲肆意羞辱一番，母亲无奈地抱头痛哭。年仅6岁的施罗德轻轻揽住母亲的肩膀，对她发誓说：“妈妈，你等着吧，总有一天，我要开着奔驰车来接你！”

由于母亲一天要工作十五六小时，没有时间来管教流浪儿一样的施罗德。14岁的时候，他辍学到莱姆戈镇一家瓷器店里当学徒。店员的生活，使他切身体会到了因没有知识而被人驱使和轻蔑的滋味，于是，他白天上班，晚上去一所夜校攻读高中课程。

完成高中学业后，施罗德又到格丁根一边打工一边上夜校，攻读大学法律课程。后来他又通过了国家的律师资格考试，正式成为一名律师。

从瓷器店学徒到律师，施罗德用了整整7年时间，在这7年的艰难岁月中，他的心中时刻铭记着对母亲的承诺。

20世纪80年代初，30多岁的施罗德被选上了社民党联邦议员，1990年5月，施罗德被推举为下萨克森州的州长，1998年9月27日，施罗德在德国第14届联邦议院选举中，击败连续执政16年之久的科尔，成为德国新总理。

在母亲80岁生日那天，他特意开着一辆崭新的奔驰轿车，把母亲从家中接到一家高级酒店。他拉着母亲的手说："妈妈，你看，我终于能开着最豪华的奔驰车来接你了！"看着为了这一刻而奋斗了40多年的儿子，母亲热泪盈眶。

在祝酒的时候，施罗德满怀深情地说："我的母亲为了她的5个孩子长大成人，含辛茹苦，受尽了人间的屈辱和磨难。如果要为经历战争痛苦的那一代人竖立纪念碑的话，我的母亲当受无愧！作为儿子，我会永远对母亲奉献我的感恩之心！"

妈妈，看我给你捉了一只多么大的虫虫！
妈妈，我一会儿给你捉一只更大、更好吃的！

让自己成为母亲的希望，让自己成为母亲的骄傲，让自己成为母亲的快乐——这难道不是每个儿女应该努力奋斗的目标吗？什么才是崇高的人生理想？报答母亲，让她因你而不同——这难道不是最美丽的人生梦想吗？

在新加坡买房

新加坡国民在购买政府保障性住房时，如果选择和父母同住，或是在距离父母家一公里以内的地方，会得到一万新元的奖励，还会获得优先择房的机会；如果一个家庭主动赡养了父母，可以获得退税5000新元；如果申请者是三代同堂的家庭，将被优先安排居住。建屋发展局还设计一大一小两种面积的相邻房屋，专门照顾两代人毗邻而居的实际需求。数十年来，这项政策一直在严格执行。

为什么新加坡如此重视家庭，如此重视孝道呢？他们认为，孝敬父母的人，才能热爱国家。在一个和睦的大家庭中，长辈能够把正确的社会价值观念和优良文化传统，潜移默化地传给下一代，这样的家庭教育可以弥补学校教育的不足。

随着自己的年岁渐长，看着父母的容颜从年轻变憔悴，头发从乌丝变白发，动作从迅捷变缓慢，多心疼！父母总是将最好、最宝贵的留给我们，像蜡烛不停地燃烧自己，照亮孩子。而我们呢？有没有腾出一个空间给我们的父母，或者只是在当我们需要停泊靠岸时，才会想起他们？

其实父母想要的真的不多，离家在外时，带给他们一句问候，业余空闲时，专心听他们说一会儿话，天气寒冷时，帮他们添一件衣服或买一双手套……这都能让他们高兴很久。

我们经常在想：我们的子女以后会如何对我？其实，你只需要想——我正在如何对待父母？

向新加坡致敬！向新加坡建屋发展局致敬！向新加坡每一个和睦的大家庭致敬！向孝心致敬！

新加坡是个小国，但它是一个强国，因为新加坡有很大的家庭，有很强的亲情力量。

一份特别问卷

2008年初，美国各大网站铺天盖地推出一项问卷调查。问卷很简单：凯特非常爱妮雅，可是有一天，妮雅出了车祸，颈部以下全部失去了知觉。你觉得，凯特对妮雅还会一如既往、数十年不离不弃吗？

A. 凯特对妮雅的爱一定不会发生改变，真爱是能经受住任何考验的。

B. 凯特对妮雅的爱一定会发生改变，现今这样的年代，哪里还有这种傻瓜似的爱呢？

C. 凯特对妮雅的爱可能会发生改变，因为现实太残酷了。

约有10%的网民选择了A，10%的网民选择了B，80%的网民选择了C。

问卷到此为止，平淡无奇。可是紧接着，网页上又弹出一个对话框：哈哈，刚才你一定把凯特当成妮雅的情侣了。现在我们来假设一下，如果凯特是妮雅的父亲或者母亲，你还会坚持刚才的选择吗？再来选一次，好吗？

这一次，几乎所有的网民都非常坚定地选择了A，并在心里荡漾起一份浓浓的感慨之情。是啊，滚滚红尘，物欲横流，所有的一切都充满了太多的变数，而唯一亘古不变的就是父母之爱了，它不因时光衰减，不因名利沉浮。

这个问卷就是美国第67任国务卿希拉里·克林顿独立制作的，目的是激发人们的亲情意识。果然，这一问卷调查在美国各地很快掀起了一场亲情风暴。短短数天内，无数父母接到了子女的电话，内容惊人地相似：爸爸妈妈，你们好吗？我想你们，我爱你们。

在社会保障健全、提倡子女独立、亲情相对淡薄的时代，这个小小的问卷感动了无数网民。

希拉里说："父母那种无私无求的爱，不论何时，都足以温暖和打动我们的心灵。不论何时，我首先想到我是一位母亲，也是一个女儿，所以，我希望生活中的每个人，都懂得感恩，懂得爱和关怀。"

假若我们再一次假设：凯特是妮雅的儿子或者女儿，情况会是什么样呢？平心而论，这种情况下，如果你是凯特，你敢保证你的爱不会改变吗？一道简单的答卷，直指我们的灵魂，检验我们的爱能达到何种纯度。有多少人可以经得住它的拷问？

三个儿子

三个妈妈在井边打水，一个白胡子老爷爷坐在旁边的石头上休息。

一个妈妈说："我那个儿子既聪明又有力气，谁也比不过他。"

又一个妈妈说："我那个儿子唱起歌来好听极了，谁都没有他那样的好嗓子。"

另一个妈妈什么也没说。

那两个妈妈问她："你怎么不说说你的儿子呀？"

这个妈妈说："有什么可说的呢？他没有什么特别的地方。"

三个妈妈打了水，拎着水桶往家走，那个老爷爷跟在后边慢慢走着。一桶水可重啦！水直晃荡，三个妈妈走走停停，胳膊都痛了，腰也酸了。

这时，迎面跑来三个孩子。

一个孩子翻着跟头，像车轮在转，真好看！三个妈妈被他迷住了。

一个孩子唱着歌，歌声像百灵鸟一样嘹亮，真好听。

另一个孩子跑到妈妈跟前，接过妈妈手里沉甸甸的水桶，提着走了。

一个妈妈问老爷爷："看见了吗？这就是我们的三个儿子。怎么样啊？"

"三个儿子？"老爷爷说，"不对吧，我可只看见一个儿子。"

把父母的快乐当做自己的快乐，把父母的忧愁当做自己的忧愁，知道为父母分担，知道回报和感恩，这样的子女才是称职的子女，才是有爱的子女。

太多的享受，太多的安逸，太多的娇宠，使我们的孩子只知道自己的感受，只关心自己的喜乐，我们养大了他们的身体，却丢失了他们的灵魂。

所以，老人面对三个儿子，只看见了一个儿子——因为只有一个孩子称得上是儿子。

贝勃定律

一个人右手举着300克重的砝码，这时在其左手上放305克的砝码，他并不会觉得有多少差别，直到左手砝码的重量加至306克才会察觉。如果右手举着600克，这时左手上的重量要达到612克才能感觉到不同。如此渐进，到后来必须加更大的量，才能感觉到左右的差别。

这种现象被称为“贝勃定律”。

“贝勃定律”在生活中到处可见。比如1元钱一份的报突然涨到2元，那么你会觉得不可思议，无法接受；但是，如果原本500元的MP3涨到502元，甚至510元，你也不会太介意。

有人总爱抱怨说，朋友对自己不如刚认识时那么好了，其实这也是“贝勃定律”在作怪：陌生人给你一点点关怀，你就会感动不已，所以很多爱情总在旅途中发生；而你的亲友无论怎么宠你爱你，你都可能视而不见，甚至觉得平淡如水。

“贝勃定律”在家庭生活中表现得尤为明显。父母养育我们，给了我们很多爱和关怀，而我们却觉得理所当然，给得再多我们都不觉得多。所以，许许多多的孩子不知道感激父母，因为他们的感激之心已经麻木。这是多么可悲的事情啊！

每一天我们都应该想一想：今天父母为我们操劳了多少？衣服是父母帮我们洗好，饭菜是父母为我们准备，手上的书本是父母挣钱为我们购买，早晨出发时的叮嘱，晚上回家时的问候，雨日送来的伞，酷热日子的冰激凌……面对所有这一切，我们有没有为此感动？有没有觉得这一切都弥足珍贵？

操守

磊落刚正的美质

HARVARD FAMILY INSTRUCTION

国家礼品

艾米和父母明天就要离开白宫了。当母亲走进艾米的房间准备帮她清理物品时，看到艾米正坐在地毯上把玩一只金手镯，眼前还摆着一尊耶稣头像。

“妈妈，”艾米看着母亲，“我要把它们带走。”

“艾米，这办不到。因为这些东西不是送给你的……”母亲罗莎琳话音未落，艾米就生气地嚷道：“谁说不是给我的？这只手镯上面还刻着我的名字。在意大利时，佩尔蒂尼先生说，是他专门请人为我定做的。你看，它很小，只有我能佩戴。还有这个耶稣像，是保罗二世亲自给我的，他还说要保佑我一生幸福。”

罗莎琳把女儿搂过来：“我们不是说好了吗？在我们离开白宫前，你可以暂时保留。但是，现在我们要回佐治亚了，这些礼品必须交公。”

“连小孩的东西都不可以吗？”艾米不甘心地问道。“100美元以下的东西可以不交。”妈妈慈爱地回答。美国政府“礼品法”规定，总统从外国政府接受的价值100美元以上的礼品，必须上交国家档案馆。

“那太好了，妈妈，我记得这些东西上面标价都是99美元。可以不交啦！”

“亲爱的，听我说，”妈妈不得不向她解释一些规章制度，“所有的礼品都写着99美元，甚至更低。馈赠礼品的人出于好心，想让我们得到这些东西，其实，它们远远不止100美元。你看，这尊耶稣像是用珊瑚雕刻的，这只手镯是纯金制作的，你再看我戴的这条项链，是萨达特总统和夫人送我的，是手工一锤锤敲打出来的。我当然也想留下来，可是，不行!”

艾米伤心地哭起来。罗莎琳——美国第39任总统卡特的夫人，耐心地告诉女儿，他们家收到的几百件礼品，将和他们一同回到佐治亚，届时它们将被摆放在亚特兰大的卡特图书馆，如果艾米想再看到它们，可以随时前去参观。“但是，我们自己不能拥有，绝不能!”

得到我们应该拥有的，放下我们应该舍弃的，这需要勇气，需要自律。过分的贪求，过分的欲念，只会让我们失去更多，失去更快。

停止追逐还没有的，很难；放弃已经拥有的，更难。唯其难，所以才显得可贵，才令人敬佩。

把公有的财产据为己有，以权力的名义肆意妄为，此乃大耻，绝非荣耀。

人品难得

斯坦门茨是德国一位电气技师，因为经济萧条而失业。1923年他来到美国，在一家生产机器马达的工厂找到了工作，并得到老板器重，被聘任为生产技术主管。

一次，美国福特公司的一台大电机出了故障，所有技术人员都束手无策。正在焦急万分的时候，有人推荐了斯坦门茨。

应邀来到福特公司之后，斯坦门茨就坐在电机旁边，聚精会神地倾听、观察、笔录、计算……两天之后，斯坦门茨用粉笔在电机外壳上画了一条线，然后在旁边批注了一行字：此处拆掉20道线圈。福特公司的技术人员按照他的建议，打开电机拆除20道线圈后，电机果然一切正常了。

总裁福特先生对斯坦门茨十分欣赏，不仅慷慨地给了他一万美元的酬金，还真诚地力邀斯坦门茨加盟福特公司，并许以高昂的薪酬。但是，斯坦门茨拒绝了福特的好意，他说："我不能离开那家工厂，因为他们在我困难的时候帮助了我。"

福特先生遗憾万分，继而又感慨不已。福特公司在美国是实力雄厚的大公司，人们都以进福特为荣，而斯坦门茨却为了报恩而舍弃如此好的职业前途。

不久，福特先生做出一个决定：收购斯坦门茨所在的那家小工厂。董事会成员都觉得不可思议：这样一家小工厂怎么会进入福特先生的视野？福特先生说："人品难得，因为那里有斯坦门茨。"

很多人，因为蝇头小利不惜以怨报德；很多人，因为蜗角虚名可以背信弃义。而斯坦门茨，一位贫穷的电气技师，却做出了不同的选择。

美德才是人的价值所在，很多人不知道它是财富，轻易放弃，终于变得一无所有。

福特先生为一道画线慷慨支付一万美元，是因为斯坦门茨的技术；为收购一个小厂而不惜耗费巨资，是因为斯坦门茨的品性。

真实的高度

小仲马寄出的稿子总是被编辑退回，大仲马得知这个情况后对他说："如果你在寄稿时，给编辑先生附上一封短信，或者只是一句话——我是大仲马的儿子，或许就好多了。"

小仲马固执地说："不，我不想依靠你的名声成功，我要依靠自己。"为了不让那些编辑把他和大名鼎鼎的父亲联系起来，他故意给自己取了十几个其他姓氏的笔名。

面对一张张冷酷无情的退稿笺，小仲马没有沮丧，仍然坚持不懈地努力创作。

长篇小说《茶花女》完成后，终于以其绝妙的构思和精彩的文笔打动了一位资深编辑。这位编辑曾和大仲马有着多年的书信来往，他发现这篇来稿的地址同大仲马的地址丝毫不差。难道是大仲马另取的笔名？但作品的风格却迥然不同。带着这种兴奋和疑问，他迫不及待地造访了大仲马。

令编辑大吃一惊的是，这部令人拍案叫绝的作品，竟然出自名不见经传的小仲马之手。"您为何不在稿子上署上真实姓名？"小仲马说："我只想拥有真实的高度。"

法国文坛顿时一片赞叹，书评家一致认为，《茶花女》的价值大大超越了大仲马的代表作《基度山复仇记》。小仲马一时声名鹊起，并因此奠定了他在世界文坛上的大师地位。

成功不一定让人仰慕，如果这份成功没有尊严；失败不一定令人鄙视，如果这份失败光明磊落。不少人依仗父辈的权力发达，不可一世；很多人凭靠亲朋的势力走红，忘乎所以——这都是没有尊严的荣耀。拥有这样的荣耀是可耻的，安享这样的荣耀尤其可耻。

有苍蝇的馅饼

一位父亲遇到了一个难题：他的未成年的孩子们坚决要求观看一部“少儿不宜”的电影，因为电影的主角是他们最喜欢的演员，而且看过这部电影的人都说电影拍得很精彩。

这部电影之所以“少儿不宜”，是因为片中有血腥暴力的场面。“不就是一点儿暴力场面吗？这有什么了不起呢？”尽管孩子们极力要求，父亲的回答就是一个字：“不！”

那天晚上，父亲问孩子们，是否愿意尝一尝他特别制作的馅饼。他说，这些馅饼采用的是他们最喜欢的馅心，另外还添加了一点儿别的东西。孩子们问添加了什么东西，父亲语出惊人地答道：“加了一只苍蝇。”

“什么？苍蝇！”孩子们难以置信地惊叹道。父亲安慰孩子们说，这只是一只很小的苍蝇，其他馅心则绝对新鲜优质，并且制作过程中火候和时间也都恰到好处。他再三保证，馅饼的味道一定会好极了，根本不会因一只苍蝇而影响美味。

不管父亲对馅饼怎样赞美，孩子们还是不愿意品尝，哪怕是冒险试一小口。无论父亲怎么劝说，孩子们的回答也只有一个字：“不！”

“那么，一场包含了少儿不宜场面的电影，和一只掺杂有小苍蝇的馅饼，两者有没有相似之处呢？”听到这个问题后，孩子们面面相觑。

父亲告诉孩子们，对于少儿来说，电影中的那些不健康的暴力场面，就如同馅饼中的小苍蝇，无论这部电影由谁主演，无论它多么有趣，都抹杀不了“苍蝇”的存在。“这就是我不同意你们观看的原因，”父亲问他们，“你们还会坚持吗?”“不!”孩子们答道。

以后，每当孩子们想要做他们不应该做的事情时，父亲就会问他们：“想不想吃我特制的馅饼?”孩子们会伸伸舌头，然后理智地妥协。

天呀，那个人可真脏……人类总是喜欢做一些荒谬的事情，而且以此为乐。

正直的人眼里不会藏一粒沙子，无论沙子多么微小；洁身自好的人，不会让馅饼里掺杂一只苍蝇，虽然它并不会改变原来的美味。可是，仔细想一想，我们的身上有没有坏习惯的“沙子”？有没有不良品性的“苍蝇”？其实，它们比眼里的沙子和馅饼中的苍蝇可怕一万倍。它们败坏的不只是我们的视力和胃口，它们败坏的将是我们的人生。

教规

很久以前，以色列有一个犹太教祭司叫萨兰托，他公正严明，深受教民尊敬。每年逾越节前夕，萨兰托都要亲自去教民家访问，督促他们按教规庆祝节日。

萨兰托对节日圣餐上所用的大苏打饼特别重视，这种饼就是犹太人在逾越节吃的不发酵面包。萨兰托每次都要询问主人，饼是买来的还是雇人烘制的。

这年逾越节的时候，萨兰托不幸患了重病，他的门徒劝老师在家休养："请让学生替您去访问教民吧！我熟记六百一十三条教规，如果有人违反了其中一条，我会纠正他们的。"

萨兰托在病榻上摇了摇头。门徒以为老师还不放心，赶紧说："我知道烘制大苏打饼的正确工序，而且会认真检查，确保家家都用上符合教规的苏打饼。"

"不，我不是这个意思，"萨兰托用沙哑的声音说，"不要管那六百一十三条教规。每到一家，你要检查的只有一件事。如果他家的饼是买来的，你要问明白他有没有拖欠店老板的饼钱。如果他家的饼是雇人烤制的，你要问清楚受雇的人是否拿到了合理的报酬。"

最小的事，往往是最重要的事，可是，因为小，最容易让我们忽略。圣人之所以为圣人，并不因为他们做大事与我们不同，往往是因为他们做小事与我们不同。

农夫的原则

有一个叫菲尔德的美国商人，一次偶然的机会，在农夫巴勒斯的家里吃到了一种番茄酱，那种鲜美的味道，令他赞美不已。出于商人的本能，菲尔德决定向巴勒斯讨要制作番茄酱的秘方。巴勒斯几乎未加任何考虑，便将番茄酱的制作方法告诉了他。临走时，菲尔德给了巴勒斯 100 美元，作为购买番茄酱秘方的费用。巴勒斯一再拒绝，可菲尔德还是将钱塞给了巴勒斯。

就这样，菲尔德开始了番茄酱生产。不出所料，番茄酱的销量果然很好，菲尔德很快便成了百万富翁。就在菲尔德准备扩大生产并拓展销路的时候，突然在街头看到了一张小广告。菲尔德大吃了一惊，原来那是农夫巴勒斯寻找自己的广告。巴勒斯在广告上说，如果菲尔德看到了这张广告，希望立即跟自己联系。

菲尔德想，巴勒斯肯定是来要钱的！当初自己用 100 美元购买的番茄酱秘方，转眼让自己成了百万富翁，巴勒斯一定是后悔了。那么，他究竟想要多少钱？弄得不好，巴勒斯还会要求停止生产，或者跟自己打一场官司。

“这个贪婪的家伙”，菲尔德愤怒地扯下了那张广告，扔进了垃圾桶。但没过多久，他又在街上看到了相同的广告。为了躲避巴勒斯的寻找，菲尔德忍痛将番茄酱厂一再搬迁，销售范围也一缩再缩。可是，巴勒斯寻找他的小广告，仍然随时出现，菲尔德终于经不住折腾而破产了。

气急败坏的菲尔德决定去找巴勒斯算账，他想知道，巴勒斯究竟想要干什么！当菲尔德出现在巴勒斯面前的时候，巴勒斯就像遇到了久违的亲人一样，他高兴地说："我终于找到您了！"菲尔德恨恨地说："你找到我了，可是我没有钱给你。"巴勒斯愣了一下，赶紧从口袋里掏出当年巴勒斯给他的那张100美元钞票，对他说："我找您，就是要把钱还给您。"

菲尔德目瞪口呆，他百般不解地问："这不是我购买番茄酱秘方的费用吗?"巴勒斯说："是的，但我不收您的钱!"菲尔德说："那你想怎么样?"巴勒斯说："我不想怎么样，只想将钱还给您。如果我因为这么点儿小事就收您的钱，邻居们会耻笑我的!"

菲尔德苦笑着问："如果我一直不出现呢?"巴勒斯坚定地说："那我就继续找下去，直到将钱还给您为止，这可是我们乡下人做人的原则!"

因为钱，巴勒斯锲而不舍地寻找菲尔德；因为钱，菲尔德不厌其烦地逃避巴勒斯。然而两人的不同之处在于，巴勒斯出于善意和慷慨，菲尔德却是出于吝啬和贪婪。

在今天，巴勒斯的行为已经很难有人理解，因为，世人的心早已被金钱腐蚀，我们做每一件事情的背后，几乎都闪动着金钱丑陋的背影。

古董商欧西尼

在那不勒斯衰败的郊区，有一位名叫欧西尼的老人，他经营一间家传的古董店，生意清淡，只能勉强维生而已。

一天早晨，一位看起来高贵富有的夫人走进古董店。浏览一会儿之后，便走近一对巴洛克式木制小天使，询问多少钱可以买走。像以往一样，欧西尼随口报出一个高得吓人的价格。

那位夫人不假思索地掏出皮夹，抽出一沓钞票，准备买下这对艺术品。

此时此刻，老板欧西尼没有露出欣喜之情，相反，他的脸顿时涨成紫红，慌乱不安地把妇人请出门外，连连对她说："不行，不行，夫人，真对不起，我不能把这对天使卖给你。"他一遍又一遍地对那个目瞪口呆的夫人说，"我不能跟你做这笔生意，你明白吗？"

夫人不知到底发生了什么事，出于礼貌，她只好悻悻地离开了。

另外一个顾客亲眼目睹了整个过程。当夫人走远之后，他禁不住好奇地问老板："这么好的一笔生意，你为什么主动推掉？难道你舍不得卖掉那对小天使吗？"

欧西尼清了一下喉咙，然后解释道："按照我们这里的规矩，店主出价之后，顾客一定要反复讨价还价，然后生意才最终达成。因为这样，我才开了一个远远高于实际价格的报价。如果我在挨饿，我一定会收下她的钱。但我没挨饿，何苦做一笔有违原则的生意呢?”

沉思了几秒钟，欧西尼又接着说：“我喜欢讨价还价时的机智往来，两个人都想占对方便宜，各藏心机，唇枪舌剑。而她连考虑也不考虑，什么都不懂，甚至连假设我会占她便宜的起码常识都没有。如果我把这对东西用那么荒唐的价格卖掉，我就永远洗不掉骗子的骂名了。”

在这物欲横流的商业世界，在哪个店铺我们还能有幸遇到这样可爱又可敬的欧西尼呢?

虽然我喜欢这个，但是，我不能收下，否则就是出卖我自己。

君子爱财，但取之有道，唯其取之有道，才能取之心安，才能取之无愧。

守护心灵的最后防线，恐怕只有廉耻和良知。廉耻不泯，知有度；良知不灭，知有止。

孩子们知道

一位父亲带着他的两个儿子去观看一场演出，他走到售票处询问门票价格。

“成人5枚硬币，6岁以上的儿童3枚硬币，6岁以下的儿童免票。”售票员说。

“这是我的两个儿子，一个3岁，另外一个7岁。还有我。”父亲说。

买完了票，售票员半开玩笑地告诉父亲：“其实，你本可以省3枚硬币。如果你说老大还没到6岁，我绝不会看出真相。”

“也许是吧！”父亲看着两个儿子说，“但是，孩子们自己知道，他们会一辈子记得这个不光彩的事情。”

无论在什么样的诱惑面前，人都不应该放弃一些基本原则：诚实、善良、正义……在很多时候，坚守这些原则，或许会失去很多东西，或许会因此受苦，但是，我们的精神会变得强大，我们的内心会因此而丰盈。好的食物可以养育孩子们的身体，好的操行才能养育孩子们的灵魂——为人父母者，怎能不时时刻刻检点自省？

悲怆的火焰

18世纪初，在德国的匹兹堡大学，有位哲学和医学教授白令葛，他非常喜欢研究化石。有一天，几位学生给他带来了一些他从没见过的奇妙化石，其中不仅有飞鸟、昆虫以及其他珍禽异兽的图案，还有刻着类似希伯来文的字迹。

教授十分兴奋，立即跟学生一起到发现化石的地点，又挖出若干块碎片。这是匹兹堡的郊外，有着古老的地层，是教授经常光顾的地方。可是，过去他从来没有发现过这些珍奇之物。

从此，教授废寝忘食地埋头整理那些采集到的标本。那时，人类对化石的研究和认识还处于起步阶段，教授经过数十载的辛劳，研究终于有了结果：一本图文并茂的专著出版了，书名为《匹兹堡石志》。

然而，没过多久，一件让善良的人们无法预料的悲剧发生了。当教授再度对化石进行细心研究时，突然发现一块化石中竟然刻有自己的名字！他恍然大悟——自己为之耗尽了心血的标本原来是人工伪造！

这一严酷的打击，使白令葛教授的健康每况愈下。在将要离别人世之前，教授本着一个学者的良心，尽自己的最大努力买回那些已出售的著作。“绝不能让这些错误的成果流传后世！”这是白令葛教授当时唯一的信念。

他亲手焚烧了《匹兹堡石志》，将自己的心血付之一炬。在这悲怆的火焰中，我们看到了一位科学家灿烂的人性光辉。

正直的人，不仅希望自己活得无愧，而且也希望死得无愧。白令葛教授虽然因一时疏忽，让生前之名蒙受耻辱，然而，那一炬悲怆的火焰，却点亮了他死后永恒的璀璨。

长官，我尽职了

乔治·桑是美国加州空军K飞行大队的一名飞行员，他已经有2000多小时的安全飞行记录，并多次圆满完成新式战斗机的试飞任务，多次受到嘉奖。

1996年10月5日，他又接受了一项试飞任务。上午8点30分，一切安全检测完成后，他迈着自信的步伐跨上了飞机，在一阵轰鸣声中，飞机腾空而起。他有条不紊地操纵着驾驶杆，飞行一切正常。

飞机的降落点在800公里外的一处空军基地。目标逐渐接近了，500公里、300公里、100公里……乔治·桑心情愉快地驾驶着飞机。突然，机身剧烈抖动了几下，起降系统失灵，地面指挥系统也随之失去了联系。

情况十分紧急！作为一名经验丰富的驾驶员，他知道处理的方法只有两个：一是弃机跳伞逃生，二是凭着自己的经验和技术将飞机迫降，以保全这架昂贵的飞机。但迫降的危险性很大，一旦失败，可能造成机毁人亡的惨剧。

跳伞，对他来说是一种最安全也最合理的选择。然而，多年来的职业责任感让他毫不犹豫地选择了迫降保机的方法。他尽量使自己冷静下来，沉着地检查操作系统。这时，他发现，减速系统也失灵了。

100公里，50公里，20公里，10公里……目标越来越近了，机场就在眼前，他开始准备降落。突然，他发现机场起降点旁边停放着10多架大型加油机，在操作系统失灵、速度无法控制的情况下，一旦在起降点发生剧烈撞击，必定会引发更大的惨剧。

他瞄准了机场旁的一片丛林，努力调转方向……一声巨响，战斗机在着地的一刹那，与一棵大树相撞了。

飞机上唯一保存完整的是录音指挥器，当人们按下录音键，传出了乔治·桑仅有6个字的最后留言："长官，我尽职了！"所有的人都寂静无声，一种强烈的震人肺腑的力量贯穿了每个人的心。

几天后，在加州陵园里，矗立起一块新墓碑，上面写着：最伟大最诚实的飞行员——乔治·桑之墓。墓碑后面，镌刻着他最后的生命留言：长官，我尽职了！

酿蜜是蜜蜂的职责，开放是花朵的职责，四时运转是天地的职责，洒扫街道是清道夫的职责，兴邦安民是统治者的职责……无论我们是什么身份，尽职尽责了，就是伟大的人。

作为父母，你尽责了吗？作为儿女，你尽责了吗？作为人，你尽责了吗？

放弃的理由

他选择了体育，想成为体育明星，露天的小体育馆里经常出现他矫健的身姿。那时他22岁，已经获得了一次次殊荣。最让他自豪的是100米短跑，他的成绩位居世界第一，是当时闻名天下的“飞人”。

他出生于1902年，父母都是苏格兰人。幼年学习期间，他逐渐显示出超人的运动天赋，被英国体育界的著名教练汤姆·麦格查发现，并收为弟子加以培养。

1924年，他参加了法国巴黎举行的第八届奥运会。他原来报名的是100米短跑，这是他最擅长的项目，根据实力，该项目的冠军非他莫属。只要成功，名誉、地位、金钱都将随之而来。然而，临近比赛的时候，他却做出了让国人震惊的决定：取消参赛。

是什么让他决定放弃唾手可得的胜利？是什么让他如此坚定不移？是信仰。按照赛程安排，100米预赛安排在星期日。“明天就是星期日，我要去做礼拜，这是我多年的习惯，我绝不能改变。”这就是他的全部理由。

舆论的谴责改变不了他的决定，国人的愤怒改变不了他的决定，王子亲自出面以国家的名义规劝他，仍然改变不了他的决定。在当时情况下，哪怕是杀了他，仍然不能使他动摇。态度如此之坚决，很多人深感意外。

出于敬佩和友谊，另一位英国运动员主动将自己的400米参赛资格让给了他，终于成全了他的此次奥运之旅。结果，他顺利夺得男子400米冠军，并打破世界纪录。他创造的47.6秒的男子400米纪录，整整保持了35年，直到1959年才被打破。

很多人对于他的固执表示无法理解，唾手可得的荣誉为何不能让他心动？他说："如果一个人连信仰都不能坚守，那他将一事无成。对于我来说，如果让我放弃信仰的原则去争夺名利，再好的成绩，又有何意义？"

他是英国著名的田径运动员，名字叫埃里克·亨利·利迪尔。

蓝天啊，白云啊，原野啊……我们的心，就需要这样空旷的自由和宁静。

树之所以高大挺拔，因为树有信仰，树的信仰是蓝天。如果它放弃信仰，贪恋花草的温柔，贪恋虫豸的喧闹，它就不能成为树，只能成为永远匍匐于地的藤蔓。人，难道不也是这样吗？

家族的信条

这是小约翰·洛克菲勒1941年7月8日的演讲。他说："如下这些信条，是我和我的夫人在努力教育全家时所遵循的原则，也是先父深信不疑的处世之道，是我在母亲膝前所学到的人生信条。这些信条将指引人们活得有价值，活得幸福，死得勇敢，死得安详。如果这些信条对我的含义和对各位的含义一样的话，它们或许有助于我们的子女得到指引和鼓舞。"

下面就是洛克菲勒家族的生活信条——

我相信个人的价值至高无上，个人有生存的权利、自由的权利和追求幸福的权利。

我相信每一项权利都意味着责任，每一次机遇都意味着义务，每一种占有都意味着职责。

我相信法律是为人而制订的，但人却不是为法律而造就的；我相信政府是人民的仆人，而不是人民的主人。

我相信劳动——无论脑力劳动还是体力劳动——是堂堂正正的；就生活而言，世界对任何人都不欠什么，但它却欠每个人一次谋生的机会。

我相信勤俭是井然有序的生活之必需，而节俭是健全的金融机制之根本，无论政府、商务或个人事务皆然。

我相信真理和公正对社会的长治久安至关重要。

我相信诺言是神圣的，一言既出，如同契约；我相信个人品质——而不是财富、权势或地位——具有至高无上的价值。

我相信提供有用的服务是人类共同职责，只有在牺牲的炼火中，自私的渣滓才能被消除，人类高尚的灵魂才能释放。

我相信全能全知、大慈大悲的上帝——不管人们怎样称呼他，而个人最大的成就、最大的幸福、最大的作为，都必须在和上帝的意志和谐一致的生活中找到。

我相信爱是世界上最伟大的事物，我相信只有爱才能压倒恨，我相信公理能够而且必将战胜强权。

不管如何表达，上述就是全世界一切善良的人们所代表的原则，不论其种族、信仰、教育、地位或职业如何。而为了这些原则，许多人正在受苦受难，献出生命。

只有在这些原则的基础上，才能建立起人人亲如兄弟，上帝亲如父辈的新世界。

财富如果仅仅意味着金钱，它就只能成为昙花一现的人生风景，只能制造贪婪奢靡和无耻。如果在财富之中加进责任、勤俭和诚信，那么财富就会变得温馨动人。

总统就餐

美国总统奥巴马会在哪里款待到访的俄罗斯总统梅德韦杰夫？那还用说，一定是在美国某家最高级的大酒店。可惜答案错误。奥巴马在华府郊区一家街头小店，请梅德韦杰夫吃了一顿大约10美元的汉堡快餐。

当天，奥巴马和梅德韦杰夫在白宫会晤之后已近午饭时间。出人意料的是，白宫并没有准备丰盛的国宴，奥巴马兴致勃勃地对梅德韦杰夫说：“总统先生，如果你不介意，我想请你到附近一家雷氏汉堡店用餐。这家店很棒，你不妨尝试一下。”

这家汉堡店总是食客盈门，就算最平常的日子也需要排队用餐。两人到那里的时候，店里已坐满了顾客。见此情形，奥巴马只得无奈地耸耸肩，示意梅德韦杰夫与他站到门边等候。过了好一会儿，一位服务生来到奥巴马身边，轻声说：“总统先生，那边有了空位，请您跟我来。”

奥巴马招呼梅德韦杰夫一起来到餐桌边，奥巴马点了一份传统的起司汉堡和一杯红茶，梅德韦杰夫也点了一份起司汉堡和一瓶可乐，不过他在汉堡中加了一点儿墨西哥辣椒、蘑菇和洋葱，两人分享一份薯条。

为了轻松方便，两位总统都脱去西装，只穿着白色衬衫。奥巴马习惯性地卷起袖子，摆出一副大快朵颐的样子，梅德韦杰夫则保持俄式绅士的风度，正襟危坐。两人一边啃汉堡，一边借助旁边的翻译小声交谈。

恬静温馨的餐厅里，只有服务生在各个餐桌间井然有序地忙碌。

当奥巴马和梅德韦杰夫付账离开后，有位顾客问汉堡店的老板："总统来了，你为什么不特别安排一下？"老板吃惊地回答道："到我这里就餐的都是顾客，大家都是平等的，为什么要对他们特别一些呢？"

一位外国记者问一位就餐的顾客："刚才奥巴马和梅德韦杰夫来了，你们怎么没有要求与他们合影，或者请他们签名？"顾客抬起头，耸耸肩，幽默地说："总统也没要求我给他们签名合影呀！"

不因身贵而寻求优待，是总统的操守；不因权势而改变规则，是店主的操守。

当总统如同常人，当权威不让人觉得恐惧，当盛宴不再是酒池肉林……这个世界就真的是属于每个人的世界了。

世间本没有权贵和贫民，每一个生命都拥有同样的尊严和价值，所以我们的目光中不要有阿谀和鄙视，只应该充满真诚和尊重——对所有的人，所有的物。

纯水的强度

水能保持纯度，水就坚硬；人能保持纯度，人就刚强。水需要去除杂质，人需要去除杂念。

杂念浸染了身心，人就会有过多的贪求，过多的贪求会让我们失去理性，失去真心；过多的贪求也会使我们放弃原则，失去约束，那么，我们就会变成魔鬼的奴婢。

如果有人向你提问，一根由极纯水表面膜组成的水柱，与一根同样粗细的钢条相比，谁更坚硬？你肯定会不屑一笑——水柔弱得让人难以联想到“坚硬”这个词，更别说和钢条相比。

但是，如果是没有丝毫杂质的纯水呢？

科学家通过计算得出结论：要弄断一根直径2.5厘米的钢条，只需要900千克的力就足够了；而要弄断一根同样粗细、用极纯水构成的水柱，从理论上讲，需要950吨的力！

这是一个让人震惊的结果。如此推理，如果有这样一个纯水湖，人们可以在上面跑步、踢球，甚至还可以进行汽车拉力赛。极纯水的分子结构非常严密，因此，分子间的引力非常强大。

水质越纯，其强度就越高。目前，科学家已能滤除溶于水中的固体物质分子，但还无法去掉含量极少的气态分子。如果有朝一日，我们能获得一种极纯水，那将是非常美妙的，用那种水膜制成防弹衣，即使在枪林弹雨中也会安然无恙。

不过，水是一种很容易溶解其他物质的液体，这些物质的分子扩散到水分子中间就成为杂质，削弱水分子之间的引力，破坏水的强度，使其呈现出我们日常见到的“柔弱”状态。

由此我们联想到人。我们经常说“无欲则刚”，这种“欲”就是杂质。水中有了杂质，就难以保持原来的强度，人心中有了杂质，也会失去本有的锐气。所以，一定要守住自己的“纯水”，别让杂质软化你的刚强。

善意

朴厚温纯的心念

HARVARD FAMILY INSTRUCTION

答案必须是零的数学题

玛丽的女儿在一所贵族学校读小学五年级，最近，因为一道数学题，玛丽愤怒地把学校告上了法庭。

题目的大意是：发生山难，登山者 A 获救，碰到 B 和 C。晚上，大家都饿了，B 拿出 4 条面包，C 拿出 5 条面包，三个人平分。A 从身上掏出 600 元钱，B 和 C 应该各向他要多少钱？

数学题的正解是：B 应得 200 元，C 应得 400 元。因为 B 自己吃了 3 条，只拿出 1 条给 A；而 C 自己也吃了 3 条，拿出 2 条给 A。B 和 C 拿出的比例是 1:2，所以 600 元应该按照 1:2 的比例，200 元分配给 B，400 元给 C。

从数学角度来说，命题逻辑严密，解答正确。但玛丽看完题目之后，却非常伤心。“怎么会这样呢？竟然教小孩子向发生山难的人索取面包钱？”她难过地说，“哪一家面包这么贵啊？教科书怎么能向孩子传授如此不道德的观念？”

玛丽向法庭提出，这道题必须给出一个强制性的答案，这个答案是：0！她要求学校永远从练习册中删除这个题目，而且对于已经做过这道习题的孩子，给予正确的解释。玛丽胜诉了，学校马上落实了玛丽提出的要求，并在校园网上公开向所有的家长和学生致歉。

不仅如此，学校还将这道数学题刻印在校门口的墙壁上，在答题的位置上，写着这样一行字：这道题的标准答案永远是 0 。

这是一个优秀的母亲，一个有责任感的公民，一个善良的人。

当你给孩子讲述一座山的时候，你能让他们理解这座山，此外，还能使他们的人格变得像山一样高峻挺拔；当你给孩子们介绍一条河的时候，他们知道了这条河，此外，你还同时让他们的性情变得像水一样清澈流畅——这才是教育！教育是通过传授知识熏陶智慧，教育是一种智者的劳动，教育是要思考了再说、再做的事情。

孩子的心灵是一张纯净的白纸，任何一丝污浊都能在上面留下痕迹。所以，在孩子成长的天空中，最好不要有乌云，不要有尘翳。让他们干干净净长大吧，这个世界太需要美和善良的装点。

写着“是”的脸

一天，托马斯·杰弗逊总统一行人来到一条河边，由于几天来的暴雨，桥被冲毁了，他们不得不选择骑马过河。

大家骑在马背上，注视着湍急的河水准备前进，这时，站在岸边的一名男子望了望总统一行人，然后向总统询问道：“先生，您可以载我过河吗？”杰弗逊总统毫不犹豫地同意了，男子骑上马与总统一起安全抵达了对岸。

总统的一名随行人员问那名男子：“你为什么选择总统来搭载你呢？”男子听后显得很吃惊，他沉吟了一会儿，说道：“我不知道他是总统，我只知道，对于我请求的眼神，你们有些人脸上写着‘漠然’，有些人脸上写着‘不’，而总统先生的脸上写着‘是’。所以，我选择他作为求助对象。”

无论是好的念头或者坏的念头，都是无法隐藏的，我们自己以为它们都被紧紧包裹在我们内心，其实，它们不仅都写在我们的脸上，而且还写在我们的声音里，写在我们的举手投足之中。如果你想要做一个好人，必须从内心开始。

拒绝瓶装水

2008年7月9日，澳大利亚东南部班达农镇居民投票决定，为保护环境和减少浪费，全镇从下月起停止出售瓶装水。这座素以景色美丽著称的小镇，成为世界首个禁售瓶装水的地区。

据活动组织者、当地一家咖啡馆老板休·金斯顿说，为保护商家利益免受损失，这份决议还包含一个替代性方案：停售瓶装水后，商家允许以同样价格出售可重复利用的环保水瓶。居民购买这种水瓶后，可在小镇新近安装的直饮水管上接水，也可以带着水瓶到商店购买过滤水。

小镇居民关于瓶装水的共识，源于当地环保人士与瓶装水企业持续多年的努力。最初，一家大型饮料公司打算在班达农建厂，把这里的水运往悉尼制成瓶装水销售，引发居民强烈反对。当地环保组织认为，公司一方面掠夺当地宝贵水资源，破坏生态平衡，另一方面又把制成的瓶装水高价卖回原产地，获得高额利润，这些做法不仅耗费资源，而且有损公众利益。

此前几个月，金斯顿向居民提出建议："既然大家普遍反对公司在这里设厂，为何不干脆拒绝购买它的终端产品？"他说，"我们这么做并非哗众取宠，而是想告诉人们，为了生存环境的可持续性，大家应当一同努力。"

据统计数字显示，仅有2000多万人口的澳大利亚，2008年共消费价值5亿澳元的瓶装水，而生产相应数量的塑料瓶，要耗费约14万桶原油。

很多人常常感叹：世界如此糟糕——空气肮脏，道路肮脏，河流肮脏……其实，是谁把这个世界变得糟糕的呢？是我们每个人，包括正在感叹的你！要想世界不再糟糕，不能仅止于感叹，而是要行动。至少，你能不能拒绝一次瓶装水？

爱世界，就是爱自己，对世界存一份善念，就是对生命的大善。

弗莱明和丘吉尔

在英国的苏格兰，有一位善良的农夫叫弗莱明。有一天，他在田里耕作时，忽然听到附近泥沼地传来呼救声。他当即放下手中的农具，迅速跑过去，发现有一个男孩掉进了泥坑。弗莱明急忙将这个男孩子拉出来，使他脱离了生命危险。

两天后，一位绅士驾着一辆华丽的马车来到弗莱明的农舍，彬彬有礼地自我介绍说，他就是被救男孩的父亲，特此前来道谢。这位绅士表示，要以优厚的财礼予以报答。农夫坚辞不受，他一再申明："我不能因为救了你的孩子而接受报酬。"

两人正在互相推让之际，一个英俊少年从外面走进屋来，绅士便问道："这是您的儿子吗？"农夫很高兴地说："正是。"绅士说："那好，你既然救了我的儿子，那就也让我为你的儿子尽点儿力。请允许我把你的儿子带走，让他受到良好的教育。假如这个孩子也像他父亲一样善良，那么他将来一定会成为一位令你骄傲的人物。"鉴于绅士的诚心诚意，农夫答应了他的要求。绅士非常讲信誉，不但把农夫的孩子送到学校读书，后来还供他到圣玛利医院学医，一直到毕业。

这个农夫的孩子，就是英国著名的细菌学家亚历山大·弗莱明教授，他于1928年发明了举世闻名的青霉素。而那个绅士，便是英国上议院议员伦道夫·丘吉尔勋爵。他那个被农夫救起的儿子，就是后来成了英国著名的政治家、"二战"时期的首相温斯顿·丘吉尔爵士。

有一天，你在路边栽了一棵小树，多少年后，你又路过这里，正好你累了，需要歇息一下，这棵树正好给你一片阴凉……或许，你永远不再路过这里，可是，这棵树照样给别的人带来阴凉，这不是也很有诗意吗？虽然，你没有享受这棵树带来的好处，可是，你难道没有在别处享受过同样的舒适凉爽吗？善的效应正与此相似啊。

拯救善良

一个大雪纷飞的夜晚，加拿大魁北克省的一个小城外，一辆轿车慢慢地向前蠕动。车上的鲁尼兹小心翼翼地驾驶着。

走出不远，鲁尼兹看到在前边不远处有一个蹒跚的身影。他把车子缓缓地停下来。“请问，需要我的帮助吗?”他探出头，大声问道。

那是一个六十岁开外的老人。她带着满脸的感激，上了鲁尼兹的车。

突然，一辆轿车迎面驶过来，鲁尼兹下意识地踩下刹车。轿车像醉汉一般，在雪地上固执地扭动车头，向路外滑去，撞在一棵大树上。

等鲁尼兹醒来，他已经躺在医院里。所幸，他只是断了两根肋骨。他急于知道老人的情形，护士告诉他，老人做了开颅手术，还在昏迷中。

老人的家人来了，感谢他对老人的帮助。即便如此，律师还是如期而至，按照法律规定，鲁尼兹要为自己的过失负责，必须承担老人70%的医疗费。

昏睡二十多天后，老人奇迹般地醒过来了。她醒来对家人说的第一句话是：“要感恩，不要赔偿。善意都是美好的，不要伤了好人的心。”

这句话在人们心里引起共鸣。小城被感动了，大家高举着“让善意不再尴尬”、“拯救爱心”的条幅，纷纷走上街头。市民们热心为老人募捐，老人用这些钱成立了“爱心救助基金”，专门用来帮助那些因行善而遭遇困境的人。

在一年一度“最受爱戴的人物”评选中，这位魁北克老人名列榜上，她的名字叫卢森斯。人们推选她的理由是：当善意被扭曲时，她还原了善的本来面目，让人们可以毫无戒备地去爱，去行善。

愿善良的心得到尊重和爱护，并成为后人效仿的楷模。

假如善良得不到赞赏，假如美德得不到弘扬，假如好心得不到善报，这个世界将会多么可怕！

当善良扶持了弱者的时候，我们也要对善良扶持一把，因为有时候，善良比弱者还弱小。

11 枚空炮弹

在“二战”即将结束的日子里，一架英国战机在敌占区执行任务时不幸暴露了目标，德军高射炮齐发，很多炮弹击中飞机，有的炮弹甚至直接打进了油箱。飞行员想，自己的生命就要走到尽头了。但这些炮弹在油箱里竟然没有爆炸！

受到奇迹鼓舞的飞行员振作精神，终于冲出重围，安全地返回基地。后来，技师从飞机油箱里取出了 11 枚高射炮弹，令人惊讶的是，它们个个完好无损！人们怀着极大的好奇，将 11 枚炮弹一一拆开，原来，弹壳里根本没有炸药，只有一些沙子和泥土。在其中一个弹壳里，有人发现了一张用捷克语写的字条，上面写着：“我能做的仅此而已！”

原来，这些做过手脚的炮弹，是德国军工厂里地下反法西斯组织成员的杰作。“二战”期间，他们用空心炮弹救过很多盟军战士。但是为了保护地下组织成员的安全，盟军绝少对外界提起这些救命的炮弹。直到战争结束后，才公开这个秘密。

那位捷克工人，在严密的监视下，至少往生产线上放了 11 枚空炮弹，然而他却内疚地说：“我能做的仅此而已！”他一定觉得自己的力量弱小，他也许怀疑过此举是否有意义。没有人知道他的名字，没有人知道他的成就，他更未得到过表彰和感激。但这个工人却默默地努力着，冒死为他人换来正义的希望。

在破晓前的黑暗里，你是否对自己的信念有过动摇？你是否怀疑过、迷茫过，甚至绝望过？请记住这个故事，你的努力不会白费。在世界的某个角落，在某个漆黑的时刻，你的行动也许正为某个人送去曙光。

可以播种的微笑

一位女士冲一位面带愁容的陌生人笑了笑，微笑让陌生人感觉很好，让他想起过去一位朋友的情谊，于是给这位朋友写了一封信。

这位朋友看了信很开心，午餐用罢，他十分慷慨地给了服务生一大笔小费。

服务生惊喜万分，她激动地用小费买了一张彩票，结果中了奖。于是，她把奖金的一部分钱送给街上的一位流浪汉。

流浪汉非常感激，因为他已经好几天没吃东西了。在回家的路上，他看到一只冻得浑身打战的小狗，就把它抱回自己又黑又暗的小房间取暖。

晚上，小狗快乐地回到家，它突然对人产生了格外的好感。半夜，主人的房子着火了，小狗狂吠报警，于是大家都得救了。

因小狗的叫声而得救的几个孩子中，有一个后来当了总统。这个国家的人民因此过上了幸福美满的生活，因为他是一位智慧仁慈的好总统。

所有这一切，只是因为一个微笑。

别说你身无长物，难道连微笑都没有？面对世界，我们给一个微笑吧！面对身处困境的人，我们给一个微笑吧！面对一个伤心的人，我们给一个微笑吧！面对一只小狗，面对一朵花，我们给一个微笑吧！

一个座位的温情

一对夫妻很幸运地订到了火车票，上车后却发现有位女士坐在他们的一个位子上。先生示意太太坐在那位女士旁边，却没有要她为自己让座。太太坐定后仔细一看，发现那位女士右脚有点儿不方便，才了解先生为何不叫她起来。

丈夫就这样从起点一直站到终点，旅途经历了三个多小时。好几次，太太要起来让先生坐一会儿，但先生马上把她的肩膀按了下去。

下车之后，心疼先生的太太说："让位是善行，但是中间这么久，中途大可请她把位子让给你，哪怕换你坐几站也好啊。"

先生却说："人家不方便一辈子，我们就不方便这三个多小时而已。"太太听了相当感动，觉得世界一下子温暖了许多。

善行给别人带来幸福，也给自己带来快乐。行善是有福人的举动，是擦亮世界的手。

红十字会的诞生

1859年夏天，瑞士银行家亨利·杜南特正在进行一次商业旅行。6月24日傍晚，在从日内瓦到意大利北部的途中，他不幸遇到了一场战争——法国和意大利联军正与奥地利军队进行一场激烈厮杀。这就是历史上著名的“索浮里奥战争”。

亨利·杜南特的马车停在山顶的路上，俯瞰山下的平原，夕阳和鲜血把大地染红。军号嘹亮，枪声大作，炮声隆隆……亨利被眼前的景象惊呆了，他看见尘土在飞扬，军马在嘶叫，伤兵躺在地上奄奄一息。

战争结束之后，亨利·杜南特立即进入了那座小镇，只见所有的房屋都倒塌了，到处是尸体和鲜血，到处是痛哭和呻吟。6000多人死亡，4万多人受伤……亨利·杜南特伤痛不已，他决定在这里停留下来，尽自己的力量去做一点儿事情，去安慰、救援那些平民和士兵。

亨利·杜南特立即动员和组织当地的居民，包括医生、护士、男人、妇女和儿童，同他一道收容伤员，进行力所能及的救护。他自己本来还有重要的商业事务需要完成，但是，他的同情心战胜了一切。他花了十多天的时间，终于把一切处理就绪。

就在这时，一个伟大的设想在他心中萌发了。回到日内瓦后，亨利·杜南特自费出版了《回忆索浮里奥战场》一书。在书中，他向国际社会呼吁，制定一个国际法律，对交战双方的战俘实行救助，保证伤员中立化，一旦发生战争，应不分国籍，不分民族和信仰全力抢救伤员，减少死亡。这一人道主义提议，在欧洲赢得了广泛共鸣。

在亨利·杜南特的努力之下，1863 年 10 月 26 日，欧洲 16 个国家和地区代表在日内瓦召开了首次外交会议，并一致通过了《红十字决议》，国际红十字会就此成立。1901 年，亨利·杜南特获得了第一个诺贝尔和平奖。为了纪念亨利·杜南特对世界红十字事业所做的伟大贡献，国际红十字会执行理事会 1948 年决定，将亨利·杜南特的生日——5 月 8 日定为国际红十字日。

可以奉献给一个人的爱是一种爱，能够奉献给所有人的爱是另一种爱——一种是小爱，一种是大爱。

心怀大爱的人，当见到灾难的时候，希望灾难不再发生；当见到不幸的时候，希望不幸从此消失。他们不是袖手旁观，而是竭尽所能，让自己的所愿成为现实。

红十字，给痛苦的世界带来希望，而这份希望，只是因为一个人的一丝善念而产生。

爱，改变了世界。

请停止，枪声

苏联红军攻进了柏林，德军纳粹军队拼死挣扎，与红军展开了激烈的巷战。突然，在一条街道中间的废墟中，传来孩子的哭声——是一个德国小孩。此时，苏军与德军正在街道两头对射，小孩随时可能丧命。这时，苏军士兵奥沙罗夫不顾战友们的劝阻，突然站了起来，径直朝小孩走去，战友们只好停止射击，把所有枪口都对准奥沙罗夫的前方，准备火力接应。

出乎意料的是，街道那边的德军也停止了射击。奥沙罗夫安静地走到小孩身边，把他抱起来，朝街道边的一个安全掩体走去。此时，整个街道都处于死寂之中，一位随军记者完整地记录了这个感人的瞬间。当奥沙罗夫和小孩的身影完全消失在掩体中时，双方的枪声再次响起。在随后的巷战中，奥沙罗夫受伤，被送进了战地医院。

第二天，奥沙罗夫解救小孩的照片被印在传单上，从空中飘落下来。传单的题目是：柏林，请停止枪声。许多柏林市民看到传单，流下感动的泪水，许多化装成平民的纳粹士兵自愿交出了武器。

记者问奥沙罗夫，为什么敢在枪林弹雨中站起来？奥沙罗夫回答说："我相信，爱，会让枪声停止。"然后，他流着泪讲述了一个不为人知的故事：那一年，德军攻进莫斯科，同样遭到了苏联人的顽强抵抗。在一条小巷里，几个德国士兵正警惕地举着枪小心向前推进，突然，前方传来汪汪的叫声。他们循着声音找过去，一只小狗正坐在一个受伤的、十五六岁的少年身旁，轻轻舔着他的脸。看到几个德国士兵，狗转过身，但它没有咆叫，只是眼里闪着泪，冲着他们发出急切的呜呜声。

少年惊恐地看着德国士兵，用手指了指小狗，然后又摇了摇头。德国士兵明白，少年是在乞求他们不要杀他的狗。小狗依然不停地重复着刚才的动作，舔几下少年，然后再摇着尾巴向德国士兵发出呜呜声。德国士兵沉默了许久，然后，绕过少年和小狗向前方走去……那个少年正是奥沙罗夫。

冰冷的枪不会对爱下手。的确，战争使敌对的双方变得冷漠，不过，千万不要放弃，即使彼此已不共戴天，但依然还有爱。有爱就有温暖，有温暖终可等到幸福的春天。

枪声停止的时候，透过狭窄的缝隙，我们看到了人性的光芒。纵然是冷酷无情的战火硝烟，也不能淹没善良，也不敢无视良知。

枪声可以停止，战争难道不能停止吗？杀戮难道不能停止吗？掠夺难道不能停止吗？如果让善和爱更多一些呢？

一半的力量

2006年的一天，凯文开车带着14岁的女儿汉娜回家。在一个路口等候绿灯时，汉娜看到一个无家可归者举着乞讨的牌子。他们的前面停着一辆奔驰车，汉娜看着那辆奔驰车说：“爸爸，如果前面那个人不开那么贵的车，那个饥饿的人就有一顿饭吃了。”凯文听了自嘲地说：“如果我们家的车没有这么好，那个人也有饭吃了。”

这样随意的一句话，是父母在孩子面前经常说的，但汉娜却记在心里。她不断思考对她来说真正重要的是什么。那天晚上，她告诉父母和弟弟约瑟夫，她要做点儿与众不同的事情。“我不想只坐在家里说‘我祝愿……’，我想去做点儿能改变世界的事情。”

凯文曾是《华尔街日报》的记者，他的妻子琼是管理顾问，他们跟汉娜说，他们以前已经做了很多好事，比如，在一家宠物收养站做志愿者，捐钱给慈善机构，比起别的家庭，他们做得很出色。看到汉娜还是不满意，琼问她：“你想怎么做？难道要卖掉房子吗？”汉娜回答道：“是的，我们应该卖掉房子。”

凯文和琼开始很惊讶，但后来他们都认真考虑了汉娜的想法。随后的好几个月里，凯文一家人聚在一起讨论了很多次。他们的焦点是：帮很多人，只给每个人一点儿，还是只帮几个人，给每个人很多？从讨论中他们获益很多，凯文说：“我们开始明白彼此的价值。我知道了对孩子们来说什么才是最重要的，他们也知道了，对我们来说什么才是重要的。”

结果，他们一家卖掉了在亚特兰大的舒适豪宅，然后买了一套只有原来一半大的房子，把余下的 80 万美元捐给了一个解决非洲饥荒问题的慈善机构。

这家人在一本名为《一半的力量》的书里讲述了他们的故事，在美国引起了很大的争议。很多读者被他们鼓舞，决定做一些类似的事情。另外一些读者则认为，他们太过表现自我，因为他们没有帮助美国同胞，却去帮助非洲贫民。

凯文说：“我们颇受关注，因为我们的举动让人们吃惊。我们不是乐于过贫困生活，也不是把我们的所有财产捐出一半，我们只是捐了一种财产的一半。其实，每个人都可以捐出某种东西的一半，和别人一起分享财富。这样做并不难。”

琼说：“卖房子捐款的举动，让我们不必对孩子讲他们有多幸运的话了，因为他们已经明白我们是很幸运的一家人。”有能力帮助别人的人，难道还不幸运吗？

一半的力量，就是分享的力量。记住，当你在吃牛排的时候，世界上很多人饿死在路上；当你躺在温暖的被窝中，很多人在寒风里衣不遮体；当你坐在宽敞的房间里时，很多人不得不流落街头……如果你没有和他们分享，至少你不要贪求更多，至少你不要奢侈浪费，至少你的心里要有一丝感激和歉意……

孩子都是富翁

贫富意识太强，会给穷孩子和富孩子的人格塑造和心理健康带来负面影响。对穷孩子来说，强烈的贫富意识，往往会使原本十分自卑的心理雪上加霜；对富孩子来说，由此而产生的盲目优越感，往往会导致他们“自以为是”“高人一等”。然而许多国家都在为淡化孩子的贫富意识而作出巨大的努力。

日本的中小学明文规定：禁止学生穿名牌服装或名牌运动鞋来学校上课，并对何为“名牌”作了严格、具体的限定。据调查，此举得到了占 9 成富裕家庭父母的认同。

在美国，虽说学生是否应该穿校服上学一直存有争议，但绝大多数州的中小学，依然坚持“校服制”，而且赢得了 8 成以上父母的支持。支持者们认为，“千篇一律”的校服，似乎限制了孩子的个性发展，却避免了贫富孩子在服装上的优劣差别，从而也避免了对穷孩子自尊心的损伤。

在加拿大，大多中小学都向孩子们提供免费午餐，午餐的档次完全一样，无论贫富，孩子吃的完全相同。即使在贫穷的肯尼亚，有幸得到救助的小学校，也会给每个孩子发放同样的一份救济物品，不论贫富。有人会问：富家子弟并不缺这份救济物品，“照发”是否意味着一种浪费？学校坚持认为，让大家每人都能领到一份救济品，穷孩子才会减轻心理压力和负担。

在澳大利亚，午餐一般由学生自带，但学校规定，所带食品须“统一”为一个汉堡、一瓶可乐，外加一个苹果。这种几乎是刻意地模糊贫富概念的做法，在孩子们心中唤起的是一种极为宝贵的平等意识！

在波兰，当政府实行穷困学生救助时，一律不公布受惠人的姓名、地址。原因很简单：免使穷孩子产生过分的自卑感。对于孩子来说，这种淡化贫富意识的做法，无疑会使他们在涉世之初便学会一视同仁地待人接物，从而形成健康的心理与完全的人格。

其实，为什么要努力消除差异呢？根本的原因是，在这个世界上，所有的孩子都一样富有，他们的童心，他们的天真，他们的爱，这一切难道不是一样价值连城吗？

孩子们很幸福，因为一切在他们眼中都很美妙；
孩子们很富有，因为一切在他们眼里都很珍贵。

孩子本有自己的财富，可是世俗却层层遮挡了人们的眼睛，他们看不见每个孩子都拥有的梦想、童趣、善良和纯真，却只看见少数人拥有的锦衣、玉食、豪车和华屋。

让我们尽情炫耀那些天赋的珍宝吧，让我们学会欣赏孩子心灵的财富。看着他们纤尘不染的眼睛我们就会知道，大人才是真正的穷人啊。

如果哈利不波特

《哈利·波特》的图书和电影风靡全球，那些热心的孩子们，时时刻刻都希望自己能变成那个戴眼镜的小主角，哪怕见见他，或者同他讲几句话也好。

恰巧，在美国的盐湖城，有一位老人，他的名字就叫哈利·波特。美国人的家庭电话都是公开的，所以许多孩子都能查到他的电话号码。

于是，好奇的孩子们就拨打他的电话，问道：“请问，你真的是哈利·波特吗?”老人回答：“是啊，我就是哈利·波特。”

这样的电话不是偶尔打进来，而是每天十几次甚至几十次地出现。有时在晚上，老人刚刚睡下，电话铃响了。老人知道对方是谁，但是他依然披衣起床，然后高兴地拿起电话，朗声回答道：“对，没错，我就是哈利·波特!”

电话那端是满意的沉默，然后是激动地挂上电话的声音。

如果老人偶尔外出，老妇人会幽默地对着话筒回答道：“这是哈利·波特的家，但他现在骑着扫帚外出了……”

多可爱的老人！多善意的回答！

老人一定知道，如果他说此哈利·波特并非彼哈利·波特的话，会打碎多少孩子童真的梦想！

假设一下，如果你是那位老人，每天都接到许多陌生儿童的电话，而不管你当时心情好坏，真的都能如此和蔼地给予答复，仅仅是为了不破坏孩子们美好的愿望?

仅仅为了不破坏孩子们美好的愿望，这对老哈利·波特夫妇不辞辛苦，让每一个充满期待的电话都得到圆满回应，这需要多少容忍和爱心！想想每次电话铃响起的那一刻，想想老人从睡梦中被吵醒的那一刻，想想老人朗声回答说“对，我是哈利·波特”的那一刻……我们的心怎能不为之颤动，怎能不因此而温暖?

会走路的梦

1929年5月4日，上帝亲吻了一个小女孩的脸颊，于是奥黛丽·赫本诞生了。或许将全世界的溢美之词叠加在奥黛丽·赫本身上也不为过，正如最初面试她的一名导演对助手说的那样："你看见过一个会走路的梦吗？我今天终于看见了。"然而赫本的美丽，绝不仅限于她在银屏上塑造的外表形象，还包含在她那颗慈善的心里。

赫本将自己生命的最后5年，全部献给了联合国儿童基金会。她的日程表越来越紧凑，经常是一个飞行接着另一个飞行。尽管疲惫，赫本仍然乐此不疲。

有人曾经问她，很多的不幸只依靠联合国儿童基金会是不可能解决的，为什么你还这么不遗余力地做这些事情？赫本的答案永远只有一个："你坐在自家的客厅里，突然听见街上传来一声恐怖的尖叫，随后是汽车猛烈的撞击声，你从椅子上跳起来，跑到街上，发现一个孩子躺在血泊中。那时候，你不会停下来考虑是谁错了，是司机开得太快，还是孩子突然冲上马路追逐他的皮球？这时候你应该做的就是抱起孩子，赶紧送他去医院。"而奥黛丽·赫本在接受有关采访或发表演说时的开场白，也通常是这么一句："还有什么比孩子更重要呢？"

两名联合国儿童基金会的摄影师曾经描述过这样一件事情。一次，在索马里的难民营，赫本走进了一间简陋的屋子，许多饥饿的孩子在那里等待食物。有一位小女孩，饥饿使她看起来很虚弱。当她的目光触及赫本的时候，似乎立刻呆住了。小女孩放下手中的盘子，跑向赫本，紧紧抱住她。那一刻，她们之间的感情似乎远远超出了对于生存的渴求。女孩或许从赫本的怀抱中得到了比食物更有用的东西——那些存在于人间的温暖和希望。当时，两名摄影师拍下这个镜头，因为他们觉得，这个时刻只属于赫本和小女孩。

赫本生前最喜欢这样一首诗：

美丽的芳唇，在于亲切友善的言语
可爱的双眼，因为总看到别人的优点
苗条的身材，要肯将食物与饥饿的人分享
柔丽的秀发，因为每天有孩子的手指穿过
典雅的姿态，来源于知识的字里行间……
请记得，如果你需要帮助，请从现在起善用你的双手
你有两只手，一只帮助自己，一只帮助他人

这正是赫本美丽人生的写照：亲切、优雅、友善、助人。

一个会走路的梦，把希望和好运带到需要它们的地方，把爱和安慰带到需要它们的地方——这就是赫本。

如果一个孩子摔跤了，我们要去拉起来；如果有孩子正在哭泣，我们要去擦干小脸上的泪水；如果有孩子做了错事，我们要去教导他们——因为，每个孩子都是我们的孩子。

6 岁的女儿

女儿曾问妈妈："我们家有钱吗?"妈妈说："我们家没钱。"

女儿又问："我们家很穷吗?"妈妈说："我们家不穷。"

6 岁的女儿似懂非懂。

冬天到来了，有一个慈善组织发起了捐助活动。晚上，妈妈整理了一些很久不穿的旧衣服，一件一件往大包里放。

女儿问："这些衣服给谁?"妈妈说："送给穷人。"

女儿又问："为什么?"妈妈说："他们没有寒衣，过不了冬天。"

女儿点了点头，一副很明白的样子。

一会儿，她从自己房间里抱来一件小棉袄、一条围巾、一双手套，说要全部送给穷人。

妈妈说："这些不是你最喜欢的吗?"女儿说："是啊，因为喜欢，我才送给穷人呀!"

正在说话的时候，爸爸进来了，女儿一把拉下爸爸的帽子说："爸爸，求您了，把这顶帽子也送给穷人吧!"

妈妈的心一震，为女儿那无邪无私的善良。

我们总是以为自己富有同情心，可是，我们愿意将自己正需要的、最喜欢的东西送给别人吗?

孩子，比大人更富有，他们拥有更善良的心。

最珍贵的东西，不是价值连城的珍宝，而是无私奉献的心。当你倾其全力帮助别人的时候，你就是世上最富有的人。

残酷之“美”

在一望无际的草原上，羚羊四蹄腾空奔跑的样子俊美吗？俊美，俊美极了。但你不知道，它的后面正追着一辆拍摄者的吉普车。羚羊的心里有多么恐慌、有多么委屈、有多么怨恨，无人能知。羚羊是否会撞上山丘，是否会误入陷阱，或者力竭身亡？在美丽的电视镜头后面，其实有着我们看不见的血腥。

一平如镜的湖中鸟岛上，万鸟齐飞的场面壮观吗？壮观，异常壮观。但你不知道，摄影师为了达到这种效果，甚至在远处燃起了鞭炮，把正在孵蛋的鸟儿惊吓得仓皇而起。鸟儿的心里有多么慌张、有多么失措、有多么绝望，人们一无所知，也不屑去知。受惊后的鸟儿是否会重返鸟巢？孵化中的鸟宝宝是否还会顺利降生？在摄影展前流连忘返的人们，谁会联想到这惊恐的一幕？

动物园孔雀开屏的样子漂亮吗？漂亮，漂亮至极。但你不知道，动物园为了吸引游客，一直给孔雀的食物中添加激素。孔雀把尾屏高高扬起，展成一把五光十色的扇屏，它把本该留给爱侣的美丽，展露给了游人。孔雀有多么羞耻、有多么疲倦、有多么无助，无人关心。孔雀并非一年四季都开屏，只有在纯情萌动的时候，才会大显英姿。一拨又一拨的游客尽情观赏开屏的美丽，却不知，孔雀的生理习性正因为经济利益的驱使而受到摧残。

我们所欣赏到的美，有时恰恰是一种囚禁，一种绝望，一种悲哀。我们所欣赏到的美，有时恰恰是一场杀戮，一场强暴，一场罪恶的掠夺。

所有的享受背后都有艰辛，都有痛苦，都有沉重代价，享受者也许永远都不知道这些美景背后的灾难。垂钓者的幸福是鱼的灾难，养鸟者的幸福是自由的灾难，美食者的幸福是生命的灾难……

真的美，是善。

谦卑

宏博若谷的胸怀

HARVARD FAMILY INSTRUCTION

它的名字叫《飘》

在一次世界笔会上，美国女作家玛格利特·米切尔和一位匈牙利作家坐在一起。那时还没有让与会者胸前佩戴名签的做法，所以，匈牙利作家不知道这位衣着朴素、态度谦逊的女士究竟是谁。

在会议间歇中，匈牙利作家以一种居高临下的态度，同身边这位女士进行了这样的一番对话。

“小姐，你也是一位作家吗？”

“是的，先生。”

“那么，有些什么大作，可否告之一二？”

“谈不上什么大作，我只偶尔写写小说而已。”

“噢，你也写小说？那么，我们可以算是真正的同行了。我已经出版了339部小说。你写过多少部呢？小姐！”

女士有点羞怯，说：“我只写过一部。”

“哦，一部，一部实在少了点儿。你知道，作为一个作家，你必须写很多很多，别人才能记住你。”

女士谦卑地低下头说：“是的，我写得太少了。”

“请问，你的那部小说叫什么名字？或许我还没有读过。”

女士依然很低声地说：“《飘》。”

话音未落，那位匈牙利人已目瞪口呆，而且周围的很多人都不禁把头侧转过来，眼里露出惊讶和钦佩的目光。

巨人不需要扬头，还是很高；大地不说话，万物却匍匐于怀抱。很小的声音一样可以如雷贯耳，很少的文字一样能让人刻骨铭心。

我们都是渺小的，把自己放低，更有力量。

什么是魔术

道格·汉宁是20世纪最成功的魔术师，他曾经在美国百老汇制作了3套大型魔术剧，8个电视专辑，进行了无数次世界巡回表演。来自加拿大的道格·汉宁，被美国的传播媒体称为“北方的精灵”。1999年，他接受美国《MAGIC》杂志专访时，采访者问他为什么从医学院毕业之后，放弃做一名医生而成为魔术师，道格讲述了下面这个故事——

大学时代，我爱上了魔术，作为一个业余的魔术表演者，我在学校小有名气。一次，加拿大电视台邀请我参与一个圣诞节特别节目的录制，在许多城市巡回演出之后，我们来到北方的一个小镇，电视台要求我为一群爱斯基摩人表演。

这个地方气温在零下50多摄氏度，距离北极只有600公里。表演在一间小屋中进行，人们穿着毛皮大衣，席地而坐，看我一一展示那些我最为得意的拿手节目。

结果，在整个表演过程中，这些爱斯基摩人就只是坐在那儿，不笑，也不出声，直到表演结束，没有听到来自他们的一丁点儿掌声。不过，他们每个人倒是都睁大眼睛盯着我，好像我是什么稀有动物一样。

现场只有一个人会说英文，于是我问他：“你们喜欢我的表演吗?”

“是的，我们喜欢你的表演。”他说。

我又问道：“你们每个人都喜欢魔术吗?”

他说："魔术?"看他似乎不懂，我就解释什么是魔术，作为魔术，它如何娱乐大家。

"娱乐大家是很好的，但是你干嘛要弄什么魔术呢?这个世界已经是如此神奇了啊!"我们坐在地上，这位爱斯基摩人继续说，"窗外下的雪不就是魔术吗?这些微小的水晶，每一片看起来都不完全一样，多美，多神奇，这才是魔术啊!"

我说："但是，我凭空变出兔子跟鸽子来了呀。"

"你为什么要做那种事情呢?"他说，"到了春天，北极到处都会出现海豹，也不知道它们是从哪里来的，真是神奇，这不就是魔术吗?"我开始有点儿抓狂了，急着跟他解释到底什么是魔术。我拿出更多的道具，打算再做一些示范让他明白。

最后，我又问他："懂了吧?你看，我让这个银色的球飞来飞去，这就是魔术啊!"不料，爱斯基摩人说："每天，都会有一颗大火球浮在空中，不但给我们温暖，也照亮了世界，还在天空飞来飞去，那才是真正的魔术!"

接着，这群爱斯基摩人凑在一起，交头接耳了半天，然后，刚才那位先生走了过来，脸上挂着一抹微笑，对我说："现在，我们终于搞清楚你为什么要做那些事情了。因为看你表演的人们已经忘记了魔术是什么，而你所做的事情，是在提醒他们，唤醒他们对魔术的回忆。小伙子，你做得不错!"

我发现自己不自觉地掉下了眼泪。我告诉爱斯基摩人："谢谢你们给我上了一课，我现在知道什么是魔术了，我以前竟然不知道。"

对道格·汉宁来说，这是人生当中第一次真正体验到神奇，也是一生当中最难忘的事情。这就是他要成为魔术师的理由。

永远不要说：人定胜天!我们对大自然失去敬畏已经太久了，直到现在，人们还不知道，大自然仍然在容忍我们，但是，总有一天，它不会再容忍，不会再原谅。我们除了把水弄脏，把空气弄脏，把树叶弄脏，我们还能做什么?有什么力量可以战胜雷电?有什么样的美景能胜过春夏秋冬?有什么样的神奇能胜过日出日落?

神造了世界，不是要我们去践踏，而是要我们去感激，去欣赏。

游客与坚果树

一位游客走累了，坐在坚果树下休息。他注意到，前方一根细藤上结了一个巨大的南瓜。

“自然界中的一些现象真是很荒谬，”游客暗自嘀咕，“如果让我来创造世界，我会让万物回到他们本来的样子。大南瓜长在结实的大树上，而坚果则应该结在细藤上面。”

这时，一枚小坚果从树上掉下来，打在他的脑袋上。

游客一骨碌坐起来，震惊之余，他抬头望着枝干暗想，“天啊！原谅我的傲慢自大吧！假如从树上掉下的是一个南瓜，我岂不是被砸死了？”

是啊，事物往往如此：看起来不合适的，或许正是最合适的。我们自以为是的断言，往往只显得我们愚蠢可笑。

当我们自以为很聪明的时候，就是我们最愚蠢的时候。

篱笆上的喇叭花

农家小院边有一道篱笆，篱笆上爬着喇叭花。喇叭花给这个小院增添了不少情趣，因此，它也获得了很多人的赞美。渐渐地，它变得自高自大起来，开始瞧不起身边的篱笆了。它觉得篱笆是在沾自己的光，而且没有一点儿用处。

这天，喇叭花对篱笆说："喂！我问你，你能开花吗？"

篱笆低着头默默地说："我不能，我只能保护主人家的财物不被盗贼拿走。"

"不能开花，你的生命就失去了四分之一的意义。"喇叭花不屑地说，"那么，你能被人们写进童话故事，给那些可爱的孩子们带来快乐吗？"

篱笆望着主人的房屋淡淡地说："我不能，但如果主人的孩子要扶着我学习走路，那我倒是可以帮些忙。"

"哦！不能被人写进优美的童话，你的生命就失去了五分之一的意义。"

喇叭花感到十分好笑，它不知道篱笆有什么存在的价值，篱笆说的那些，在它看来都是无稽之谈。不过，它也不想知道，因为今天它已经满意了。

半夜里，下起了暴雨，狂风吹卷过后，连树枝都被折断。篱笆大声地提醒喇叭花："抓紧我，否则你会受伤的！"

"不！我才用不着你这个下贱的东西呢！"喇叭花说完，特意放开了篱笆。

"那你能……"篱笆还想说点儿什么，可是狂风暴雨淹没了它的声音。

第二天早晨雨过天晴，喇叭花全部仆倒在地上，一夜的风雨把它的花全打掉了，花瓣散落了一地，藤子也断了。

"唉！不能独自站立，你的生命就失去了百分之百的意义！"篱笆在小院边独自叹息道。

当你面对一个手脚粗糙的农民时，当你面对一个握着扫帚的清洁工时，当你面对一个站在风雨尘埃中的保安时，你有没有产生过一丝喇叭花面对篱笆时的那种情绪？有没有产生过蔑视、鄙夷和厌恶？

如果我们的生活中没有了农民，没有了清洁工，没有了保安，世上还有"生活"存在吗？

人们总是藐视对自己最重要的东西，比如小麦；人们总是重视对自己毫无用处的东西，比如黄金。

我觉得这个世界有太多无知的人。
我觉得这个世界的人都无知。
对，他们总是那么自以为是，而且骄横傲慢。

一望无际有多大

有一天，老师和他的学生们聚在一起聊天。一位富有的学生向同学们炫耀说，他家不仅有宽大的房舍，而且在雅典附近还拥有一望无际的肥沃田地。

当他口若悬河傲慢吹嘘的时候，一直不动声色的老师拿出一张地图对他说："请你指给我看看，亚细亚在哪里？"

"这一大片全是。"学生指着地图扬扬得意地回答。

"很好！那么希腊在哪里？"老师又问。

学生好不容易在地图上将希腊找出来，但和亚细亚相比，希腊的确太小了。

"雅典在哪儿呢？"老师又问。

"雅典，雅典……雅典好像在这儿。"学生指着地图上的一个小黑点。

最后，老师看着他说："现在，请你再指给我看看，你家里那块一望无际的肥沃田地在哪里？"

学生急得满头大汗，当然，他是无法找到的。他家的那块一望无边的肥沃土地，在地图上连个影子都没有。他很尴尬但似有觉悟地回答道："对不起，老师，我找不到！"

我们所拥有的一切——不管我们拥有什么、拥有多少、拥有多久，与博大宽广的天地相比，与浩瀚苍茫的宇宙相比，都不如沧海一粟，实在是微不足道，在时间的长河中，都只是短暂的一瞬。记住这一点，我们才不会迷失自我，才不会迷失心灵。

没有什么比夸耀更能表现一个人的无知。

波斯国的宰相

成功使很多人走向辉煌，成功也使很多人走向衰落。成功让一些人更加严谨慎重，一丝不苟，也会使一些人失去理性，忘乎所以。

能保持本性的人，任何时候都能处之不惊，淡定从容，如同以往。所谓本性，就是原来的自己，就是没有被荣辱粉饰过的自己。保持本性的人，就是富贵或贫贱都不能改变的人，就是像宰相披尔那样的人。

牧人披尔做了波斯国王的宰相。大臣们都嫉妒他，就私下召集会议，讨论如何将他赶走。

经过商议，他们推选了一个人向国王密告：“王啊，披尔出身卑微，身为宰相，他位高于我们，权大于我们，这很危险。愿大王重新考虑。”国王回答说：“他忠诚智慧，我十分信任他，但你们若能指出他的错误，我就听你们的话。你们可以观察他，并且向我汇报。”

大臣们密切关注着披尔的一举一动。不久他们发现，披尔家里有一间紧闭的密室，每个周日，披尔独自走进去，把自己关在里面，经过很长时间又独自出来。大臣们如获至宝，他们对国王说，披尔必定有见不得人的东西藏在密室之中。

国王说：“你们可以去将房门打开，搜查房中的秘密，看看里面有什么，看看他在里面做什么。”大臣们奉令前往披尔的家，当他们撞开披尔的房门时，发现里面只有一双草鞋和一件破衫。

国王招来披尔，问他何以在密室里存放一双草鞋和一件破衫，难道每个周日把自己关在屋里，就是赏玩这些破东西？

披尔说：“大王啊，那双草鞋和那件破衫，是我当牧人时穿的。每个星期把它们仔细看过一遍，我就不会忘记自己的寒微出身，就不会被眼前的名利所引诱。它们可以提醒我好好为国家效力，否则就配不上大王给我的尊荣。”

清洁工的名字

进入护理学校的第五周，护理学教授就给学生举行了一次小测验。许多学生用了不到一半的时间就顺利做完了前面的题目，可是却被最后一道奇特的题目难住了。

这道题目是："你知道学校门口那位女清洁工的名字吗?"大家眼前立即浮现出女清洁工的形象，她身材高大，一头金黄色的头发，十分引人注目。大家每天都可以在校园里见到她。要命！她的名字是什么呢？她的胸卡上有她的名字，名字的字体还比较大，可是，从来没有一个人注意她的名字！

大家以为这只不过是教授开的一个玩笑，就把那道题目空着交了试卷。

一位女生大胆地问教授："最后这道题目真的会计分吗?"教授认真地说："这不是玩笑，这是一道严肃的题目。作为护理专业的学生，你们毕业后会与许许多多的患者打交道，你们不但要好好护理他们，更重要的是要给予他们心理上的关怀，要尊重他们。无论他们是有钱有地位的人，还是普通的平民，我们都要用一样的心去对待。校园里的女清洁工每天为你们辛勤劳动，你们有多少人记住了她的名字？你们有多少人和她打过招呼呢?"

那次的考试给学生们留下了深刻的印象，它让每个人都记住了：放低自己，尊重他人。

一位学者问一位收藏大师：什么样的古董最值钱？越大越值钱吗？越古旧越值钱吗？存量越少越值钱吗？收藏大师说：不对，品质越好越值钱。

人也是一样，我们衡量一个人的价值，不要看他们的服饰，不要看他们的地位，不要看他们的工种，而要看他们内心的品质，要看他们所做的一切是否对大众有益。

上帝爱每一个人，我们也要这样。如果不能一样地爱，至少要一样地尊重。

一句话演讲

美国飞机发明家莱特兄弟，是一对很善于思索又刻苦钻研的兄弟，可是他们却是一对最不善于交际的兄弟，他们最讨厌的就是演讲。

在一次盛大的招待酒会上，主持者要请大莱特发表演说。

“这一定是弄错了吧?”大莱特为难地说，“演说是归舍弟负责的。”

主持者无奈，只好转向小莱特。于是，小莱特便站起来说：“谢谢诸位，家兄刚才已经演讲过了。”

就这样推来推去，人们还是不放过兄弟俩。经各界人士再三邀请，小莱特终于妥协了，但他只说了一句话：“据我所知，鸟类中会说话的只有鹦鹉，而鹦鹉是飞不高的。”

这只有一句话的演讲，博得了人们长时间的热烈鼓掌。

说得多的人很多，做得多的人很少。世界是用手改变的，不是用嘴；是用劳动改变的，不是用废话。

有力量的人才会谦和，才能礼让。

请伸出你的舌头

这天早上，克里斯感到身体有点儿不舒服。吃过早饭后，他来到了一家诊所。

落座后，医生对克里斯说道："请你伸出舌头。"克里斯伸出了舌头。医生迅速看了一眼，说道："好了，你的病因很明显，是缺乏运动所致。"

"可是，医生，"克里斯说道，"我不认为……"

"请你不要告诉我你认为怎么样，"医生说，"不要忘了，我才是医生。我非常清楚你的病因是什么。像你这样的病人，我已经看过成百上千了。每个人都是从来不参加运动，白天长时间坐办公室，晚上又坐在电视机前。所以，要治好你的病，所需要的就是散步，每天至少20分钟。不过，还需要几盒保健药来辅助。"说完，医生就开起药方来。

"医生，你不知道，"克里斯急忙说道，"其实，我……"

"我刚才已经说过，请你不要自以为是！"医生边开药方边说，头也不抬，"你应该多运动，在百忙之中抽出一点儿时间来。不是我吓唬你，如果你现在不锻炼，到你老的时候，你不但会变胖，各种器官也会出现问题。"

"可我每天都走路。"克里斯说。

"哦，是的。我知道你说的走路是什么意思。你每天从家走到地铁站，又从地铁站走到办公室，然后从办公室走到餐馆去吃中饭再走回来。所有的距离加起来最多也就几百米。先生，那不是真正的锻炼。我所说的锻炼是，每天至少要散步 20 分钟，至少要走两三公里。”

“请你听我说，医生！”克里斯大叫起来，“我是一名邮递员，每天都要走 7 小时的路，要走几十公里啊！”

医生放下手中的笔，抬头看着克里斯。许久之后，他轻声说道：“请你再伸出舌头来，好吗？我想，一定是你的舌头有什么问题……”

请你再伸一次舌头让我看看，好吗？
这次你该不会说是我的舌头有问题吧？

不要自以为是。记住，生活永远比我们所知道的更加深奥。

放低自己的人

布克·华盛顿是美国知名的黑人教育家、政治家和作家。他是1890年到1915年美国黑人历史上的重要人物之一。他不但经历丰富，学识渊博，而且为人谦和。

1879年，布克·华盛顿被任命为阿拉巴马州塔斯基吉师范学校的首任校长。有一天，他正在镇上散步，忽然被一位富有的白人妇女叫住了。

原来，她家刚买了一些木柴堆在院子里，正需要一个人帮她劈柴，劳务费是5美元。她从未见过著名的布克·华盛顿先生，她觉得让他干这件事是很合适的。

因为布克·华盛顿正好没有紧急事务需要处理，于是就微笑着答应了。他卷起袖子，很快劈好了木柴。之后，他又帮她把木柴搬进屋里，并且整齐地在壁炉旁堆好。

一个小女孩认出了布克·华盛顿，事后她悄悄把他的身份告诉了那位妇人。第二天早上，尴尬的白人妇女来到布克·华盛顿的办公室，非常诚恳地向他道歉。

“别放在心上，女士，”布克回答道，“我从小就会干这些体力活，况且，我也需要锻炼一下身体。而且，你还给了我丰厚的报酬，我很高兴。”白人妇女热情地握着布克的手，说：“您的谦恭让我深深折服。”

任何时候，劳动都是一件体面的事。为帮助别人而劳动，不仅体面，而且高尚。

劳动的时候，我们要把头低下去，要把身体躬下去，这时候，我们的心离大地很近，我们就能看见真实的自己。

快，出示您的名片

美国水务部的一名代表来到一座大农场，和老农场主攀谈起来。他告诉农场主：“我要视察你这座农场的水资源配给情况。”老农场主说：“行，可是千万别到那边的水田里去。”

水务部代表不屑地说：“先生，我是代表联邦政府而来的，看到这张名片了吗？这张名片就意味着，只要我愿意，我就能去任何一块农田，不用向任何人解释。我说清楚了吗？您听明白了吗？”

老农场主礼貌地点点头，径自干活去了。

不久，老农场主就听到了一声尖叫，只见水务部代表疯狂往栅栏边奔去，后面紧跟着农场主的公牛。

公牛扬起四蹄紧追不舍，水务部代表跌跌撞撞地一路往前跑。他手里公文包不见了，头上的帽子也飞了，白色的衬衫上沾满了泥巴。

公牛离他越来越近，水务部代表吓得失魂落魄。老农场主立即扔下手里的农具，一边追赶公牛，一边向水务部代表大喊：“名片！你的名片！快给它看一下你的名片！”

无论你的名片上写着多么高的头衔，公牛并不在乎。不仅公牛不在乎，连螳螂和蚯蚓都不在乎。农场主在乎吗？也不。只有“水务部代表”自己很在乎。

不要把自己看得太重要，这样的人在哪里都是小丑。

女王敲门

阿尔倍托和妻子维多利亚女王感情和谐，但是也有不愉快的时候，原因就在于妻子是女王。

有一天晚上，皇宫举行盛大宴会，女王忙于接见贵族大公，却把她的丈夫冷落在一边。阿尔倍托很是生气，便悄悄回到卧室休息去了。

不久，有人敲门，阿尔倍托冷静地问：“谁?”敲门的人昂然答道：“我是女王。”

门没有开，房间里没有一点儿动静。女王离开了，但她走了一半，又回过头，再去敲门。阿尔倍托又问：“谁?”女王和气地说：“维多利亚。”

可是门依然紧闭。维多利亚气极了，想不到以英国女王之尊，竟然还敲不开一扇门。她带着愤愤的心情走开了，可走了一半，想想还是回去，于是又重新敲门。

阿尔倍托仍然冷静地问：“谁?”女王委婉温和地说：“你的妻子。”

这一次，门开了。

财富不能改变我们的身份，地位不能改变我们的身份，名声也改变不了我们的身份，任何时候我们都不能忘记，我们的身份就是“人”。

世界上竟然有这样一扇门，它能让妻子通过，却拒绝了女王。

蚂蚁大力士

蚂蚁国有一只小蚂蚁，它的力气远远比其他的蚂蚁都大。它天生神力，武功盖世，如果奋力一举，可以独自扛动一颗绿豆。

因着它的神力，很快就在蚂蚁国名声大振，大家都在竞相传说这只能扛起一颗绿豆的蚂蚁。它的名气越传越远，越传越广，传着传着，后来竟误传成它可以独自搬起一颗葡萄了。

一开始，它听到关于自己可以搬起一颗葡萄的传闻，还觉得很不好意思，赶忙澄清。但久而久之，这样的话听多了，它开始情不自禁地想："以我的力量，若要独自搬动一颗葡萄，应该也没问题吧？就算不行，这两者之间又有多大差别呢？"

过了没多久，它开始举办巡回演讲！以"我如何能扛起一颗葡萄"为题目，到处宣扬、炫耀自己的气力。众蚁们无不听得如痴如醉，钦慕不已。

这天，不知道从哪里滚过来一粒花生米，恰恰就停在蚂蚁国的洞口，把出入的道路给堵住了。众蚁们马上想到了这位大力士蚂蚁，就把它从家里请了出来。它勉强挤出一丝笑容，来到那颗花生前，使尽了全身的力气，用力一搬，再一搬，再一搬……

大家惊讶又失望！别说一颗葡萄了，它竟连眼前这粒花生米都搬不动！大家鄙夷地嘲笑它，有的蚂蚁还愤怒地向它吐口水。从此以后，这只蚂蚁就再也没有脸见人了，人们连它能扛起绿豆这件事都不相信了。

一只蚂蚁搬不动一颗花生米，这是很正常的，因为你不过是一只蚂蚁。问题在于，是什么让你忘记了自己是一只蚂蚁呢？是掌声，是虚荣心，是可笑的幻觉。

生活必须脚踏实地，蚂蚁和人都是一样。

为什么要超越极限

根据国际田联最近公布的各项比赛成绩，大多数的世界纪录都是在20世纪90年代初到90年代末创造的，运动员们再要突破这些纪录显然是一件十分困难的事。如今，刷新世界纪录遇到了前所未有的“瓶颈”，这已成为一个公认的事实。

一个人的体能究竟有多大？人们在不断追求打破世界纪录的同时，不禁会对自己的身体产生疑问。比如说，100米短跑最快需要几秒？这不是一个简单的谁拿金牌的问题，这是对人类体能极限的追问。那么，人类体能的极限到底在哪里？人类到底可以跑多快？可以跳多高？

2008年6月1日，在美国纽约举行的2008年纽约田径大奖赛上，牙买加选手博尔特以9.72秒的成绩获得100米短跑冠军，并打破了由另一名牙买加选手鲍威尔保持的9.74秒的世界纪录。

专家指出，运动员向前跑的动力大部分由股四头肌提供，股四头肌腱与膝盖间的连接使运动员加速。20世纪70年代的一项研究表明，人类百米的极限是9.60秒，如果超过这个速度，其需要的力量就足以造成股四头肌腱和膝盖间连接点撕裂。鉴于此，一些科学家认为,人类跑100米的最快速度的极限应该是10.42米/秒，考虑到人一般在跑到80米时才能达到全速，因此人类可能达到的最快速度大约为11.96米/秒。

关于人类跳高的“极限”更是一道复杂的难题，它不仅涉及万有引力定律和自然环境，而且与人体的重心、体重、起跳加速度等诸多因素相关，因此至今未有精确定论。NBA 球星乔丹扣篮时嘴唇碰到 3.05 米高的篮筐，世人曾一度为他是否是世界上跳得最高的人而争论不休。

尽管目前冲击世界纪录受到体能的限制，但是不少教练员对不断打破世界纪录依然充满信心。有人说："运动员选对了，就成功了一半；通过训练让运动员的超能力发挥出来，那就是百分之百成功。"德国著名运动医学权威霍尔曼教授指出："体能只有 60%是与生俱来的，其余 40%要通过训练等外界影响去发掘。"

随着时间的推移，研究人体"超能力"已引起全球体育界的高度重视，而且每个竞技体育项目都针对自身运动的特点，努力寻找提高竞技水平的"突破口"。因为谁能够早一天找到体能的"突破口"，谁就能早一天打破纪录乃至创造更大的奇迹。

上帝把生命赋予世上所有的物类，树生长枯萎，花开放凋谢，鱼游动在水里，兽行走在地上，鸟飞在长空——所有的生命都自然而本分地生活在自己的领域之内。唯有人，我们为自己证明：我们有思想，有感情，会创造，而别的生命都没有，我们是万物之灵长。于是，我们就侵略，就杀戮，就破坏！我们一直追求到极限，贪婪到极致，还在问：我们还能做什么？

人类的极限是什么？回答：灭亡！

别以为什么都能搞定，有时候
一根看不见的线头，就能把你弄晕。

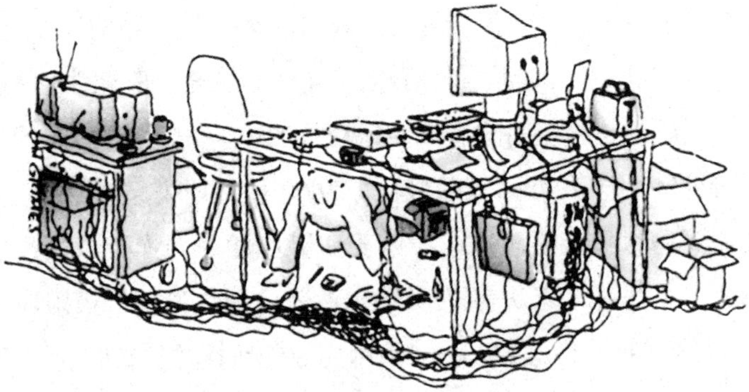

乌龟的意见

格洛丽亚·斯坦姆，是女权主义运动领导者兼作家。学生时代，在一次地理考察中，她接受了人生中最重要的一课。在史密斯大学演讲时，斯坦姆让她的听众分享了那次独特的经历：

“在蜿蜒的康涅狄格河畔，我发现了一只巨大的乌龟，趴在一段路的护堤上。它显然是从河里爬出来的，经过一段土路才到了现在这个地方。它还在继续前进，随时有被汽车轧死的危险。

“同是地球上的生物，我觉得帮助它是责无旁贷的。于是我走上前，连拉带拽，最后总算把这只大乌龟从路障上带回岸边。这期间，它不断愤怒地想咬我一口。

“当我正要把乌龟推回河里时，地理学教授走了过来，他对我说：‘你知道，为了能在路边的泥地里产卵，那只乌龟可能花了一个月的时间才爬上公路，结果你却把它推回河里！’

“哎，我当时懊恼极了，而且万分羞愧。不过，在后来的岁月里，我发现那次经历让我受益匪浅。它时刻提醒我，无论做什么事，绝对不要自以为是，哪怕你的出发点是多么善良。在事关‘乌龟’的决断时，最好先听听乌龟自己的意见。”

我们的慈悲是凌驾于万物之上的慈悲，我们的知识是一知半解的知识，我们的行动是自以为是的行动，最后，我们就把很多事弄得一塌糊涂。

你知道乌龟是怎么想的？如果不知道，就不要说你比乌龟聪明。

问题是，乌龟没有反击我们，我们就以为它什么都不知道。

知与不知

古希腊有个年轻人，他认为自己比大哲学家苏格拉底还聪明，到处炫耀自己的学问。有一天，苏格拉底问他一个问题："世间是先有蛋，还是先有鸡?"

年轻人不假思索地回答："鸡是从蛋里面孵化出来的，自然是先有蛋!"

"蛋是鸡下的。没有鸡，蛋从哪里来?"苏格拉底问。

年轻人想了想，说："那还是先有鸡!"

"你刚才已经说过，鸡是从蛋里面孵化出来的。没有蛋，鸡从哪里来?"苏格拉底穷追不舍。

年轻人抱怨说："你怎么提出这么一个怪问题呢?现在我也问你一个问题。"

"请问吧。"苏格拉底一副胸有成竹的样子。

"你说说，是先有蛋，还是先有鸡?"年轻人得意地发问。

苏格拉底老老实实地回答："我不知道。"

年轻人笑了："这样看来，你和我其实差不多啊!"

苏格拉底说："不，你是以不知为知，我是以不知为不知。以不知为知非知，以不知为不知为知。"

知道自己有不知，才是大智慧，才是真知者。

每个人都能说出自己知道多少，但是，他们说不出自己不知道有多少。

知道自己还有多少不知道，就是智者。

我们知道的很少，不知的很多。

州长和炸鸡

因为刚刚当选为马萨诸塞州州长，克里斯琴·赫脱先生十分繁忙。这天上午，当他处理完所有公务之后，已经错过了午餐时间。

饥肠辘辘的赫脱先生，快步来到附近一家烧烤店，没想到店前正排着长队。

终于轮到自己了，赫脱先生对卖鸡块的女服务生说：“请给我两份炸鸡块！”女服务生微笑着说：“对不起，先生，今天买炸鸡块的人太多了，为了让每个顾客都能吃上我们的炸鸡块，一个顾客我只能给一份。”

此刻的赫脱先生饥饿难当，他决定给女服务生施加点儿压力：“女士，你知道我是谁吗？”赫脱州长加重语气说道，“我是马萨诸塞州的新任州长！”

“州长先生，你知道我是谁吗？”女服务生也加重语气回答道，“我是这里专门负责卖炸鸡块的服务生！”

州长说出那句话时，表明他忘记了自己的职责，突然把自己当成了“老爷”。

服务生慷慨说出的那句话，让州长知道了自己的身份——他也是一个服务生，一个为政府和市民服务的服务生，他服务的对象也包括这个卖鸡块的女孩。

谦卑的政府，可以造就自尊的百姓。

别把自己当回事

布恩·塔金顿是20世纪美国著名小说家和剧作家。就在声名鼎盛时期，他遇到过一件事，这件事让他铭记一生。

在红十字会举办的艺术家作品展览会上，布恩·塔金顿作为贵宾应邀出席。就在开幕式刚刚结束的时候，有两个十六七岁的小女孩来到他身边，虔诚地向他索要签名。

“我没有带自来水笔，用铅笔可以吗?”布恩·塔金顿知道她们不会拒绝，他只是想表现一下一个著名作家对待普通读者的谦和风范。

“当然可以。”小女孩爽快地答应了，她们的兴奋情绪使布恩·塔金顿倍感欣慰。他取出铅笔，潇洒自如地在一个精美的笔记本上签上了大名。

意想不到的事发生了，其中一个小女孩看过签名以后，眉头皱了起来，仔细地看了看他，问道：“难道你不是罗伯特·查波斯吗?”

“不是，”他自负地告诉她，“我是布恩·塔金顿，《爱丽丝·亚当斯》的作者，两次普利策奖的获得者”。

小女孩将头转向另一个小女孩，耸耸肩说道：“玛丽，把你的橡皮给我用一下。”

那一刻，布恩·塔金顿所有的自负和骄傲都化为泡影。从此之后，他时刻告诫自己：无论多么出色，都别把自己当回事。

如果始终保持小草的心态，就不会老以为自己是参天大树，总期待有人仰望；如果真的强大，就应该像高山那样，宁静安详，宠辱两忘，风雨艳阳都不会为之所动。

Edward S Marsh his Book 1909
Secundas res ornant; adversis perfugium ac solatium praebent.
W.E.Hopson.

财 富

超越金钱的拥有

HARVARD FAMILY INSTRUCTION

最感人的遗嘱

一位老人去世之后，人们在他的上衣口袋里找到了一份遗嘱。据说，这位死去的老人以前是位律师，他的遗嘱写在几张纸上，字迹清楚，刚劲有力。这份遗嘱非常特殊，内容如下：

我，查尔斯·劳伯利，思维正常，记忆正常，现在立下我的遗嘱并公布于世。

在属于我的财富之中，那些法律书籍不值一提，我的遗嘱将不对它们进行阐述。我活着的权利——我的生命财产，也不是我所能支配的。除这两项之外，我在世上还有很宝贵的东西，我现在就作遗赠安排。

第一款：我把对孩子的信任、把所有表扬和鼓励的言语赠给负责任、有爱心的父母们，请他们根据孩子们的表现，公正地、大方地使用。

第二款：我留给童年的孩子们树上和地上所有的花，让他们有在其间自由玩耍的权利，同时，提醒他们要小心有刺的花木。我还要给他们绿色的溪岸、金色的沙滩、清香的柳枝，以及大树上飘荡的云朵。还要给他们欢乐的白天，宁静而充满幻想的月夜。

第三款：我给所有的年轻人空闲的田野和宽阔的广场，让他们可以踢球；给他们干净的江河湖海，让他们可以游泳；给他们白雪皑皑的山丘，让他们可以滑雪；给他们小溪和池塘，让他们可以抓鱼；给他们茵茵的草地、繁盛的苜蓿花和翻飞的蝴蝶，让他们看松鼠和小鸟，听树林深沉的回声。

第四款：我给恋爱中人神话般的世界，群星闪烁的天空，依墙角开放的红玫瑰，开花的山楂树，轻轻流淌的乐曲，以及所有能使他们的爱情更加甜美的事物。

第五款：所有热闹的激动人心的对抗运动，我将全部奉献给那些积极向上的年轻男子。让他们鄙弃虚弱并相信自己可以变得刚强。虽然他们偶尔会有失礼节，但我给他们留下了保持友谊、拥有热情的力量。我还给他们留下了所有欢快的歌，他们可以勇敢地唱出高亢的声音。

第六款：对那些不再年幼、不再年轻、不再恋爱的人，我给他们留下记忆，留下彭斯、莎士比亚以及其他人的诗集。只要有一点可能，他们就会像过去一样拥有快乐的时光，像过去一样自在和充实。

第七款：至于满头白发的爱侣，我给他们留下了晚年的幸福，子女对他们的爱与感激将会与他们相伴，直到他们长眠。

这份遗嘱的珍贵之处在哪里呢？它告诉我们：在我们的生活里，从小到大，到处都是财富，到处都有生命的金币，可是，我们什么时候正眼看过它们呢？

多少人期待一份遗嘱放在自己面前，不过，他们期待的是银行巨额存款，期待的是一处宽大昂贵的房产，期待的是一件祖传的稀世珍宝……

为了这些，多少亲人反目，多少友爱终结！此时此刻，面对这份遗嘱，你有什么感想？

乔丹的价值

1984年，21岁的大三学生乔丹来到他向往已久的芝加哥公牛队，开始了他在NBA的生活。老板伦斯道夫给乔丹开出的年薪是80万美元，在NBA里，这只是板凳球员的价格。

作为新人，乔丹比赛时在板凳上坐的时间太久了，这种情况让他很郁闷。要想改变这种状况，他首先要解决的问题是，怎样提升自己的价值。找到问题的关键之后，他开始拼命地练球，仅仅一年工夫，乔丹就脱颖而出。

20世纪90年代后，乔丹在公牛队的年薪已经达到3300万美元，这差不多是其他队员薪水的总和。有人不高兴了，他们找到老板伦斯道夫说："一年3300万美元，乔丹太贵了！"

伦斯道夫的回答令来者大吃一惊：乔丹不仅不贵，而且是最便宜的球员！你看，因为有了乔丹，公牛队已经三次夺得NBA的总冠军，所以我们的收入已经达到史无前例的15亿美元，而我们付给乔丹的却只有区区的3300万美元！

谁是最贵的球员呢？伦斯道夫也给出了答案：那些比赛时坐在板凳上等待替补的球员，他们每次上场不过几分钟或是几十秒，有些人整个赛季都没能为球队拿到一分，但是我们每年还要拿出几十万美元来养活他们，这些人才是最贵的球员！

伦斯道夫的话让所有的人都茅塞顿开：不仅是NBA，在哪里都一样，谁创造的价值最大，谁就是最便宜的！最便宜的，就最受欢迎。

追求财富的方法应该是这样：先让自己变得值钱，然后再去挣钱。你本人的价值有多大，你的财富价值就会有多大。

可惜，很多人的想法总是相反：放弃自己，只求金钱。

金钱不幸福

1960年，美国因贫富差距悬殊，穷人不但仇恨富人，对政府也抱有极大的抵触情绪。这些不利的社会因素，像一枚隐藏的炸弹，令人不安。

为缓和社会矛盾，美国政府曾想了许多方法。比如，给富人增税，给穷人增加福利；提高汽车、豪宅等奢侈品的售价；在穷人密集地设廉价超市等。但是，收效甚微。

有一天，一个叫罗伯特的电视记者，拍摄到这样两组画面：一组的主人公是一家公司的总经理，此人在办公室里超负荷地忙碌着，虽然西装笔挺，但神情憔悴满面疲惫。另一组的主人公，是一位在写字楼工作的清洁工，他身着蓝色工作服，破旧但干净整齐。只见他一边清扫垃圾，一边哼着俄罗斯乡村歌曲，一副怡然自得的样子。

总经理是美国典型的富人代表，而清洁工则是美国典型的穷人代表。这两组镜头在电视上播出之后，奇迹出现了：许多穷人不再仇恨富人，居然还有很多富人开始羡慕穷人的生活。

很多政府官员和社会学专家都觉得奇怪，仅仅是两组极普通的电视画面，怎么就有这么大的威力？罗伯特道出其中的秘密："以前，许多镜头都习惯于对准富人的资产和穷人的疾苦，矛盾便出现了。我将镜头对准富人和穷人的内心，富人因为欲望太多，所以神情疲惫；穷人因为生活简单，所以满脸自得。富人和穷人不能只比物质，还要比幸福感。"

财富就是金钱吗？对失眠的人来说，酣睡就是财富；对生病的人来说，健康就是财富；对痛苦的人来说，快乐就是财富；对孤独的人来说，朋友就是财富……

懂得追求幸福的人，绝不会只追求金钱。

平民巴菲特

沃伦·巴菲特，世界上第二富有的人，美国 CNBC 电视台曾对他进行了专访。以下是有关他个人生活的一些有趣的片段。

11 岁时他买进第一只股票，但现在他仍然后悔入市太晚。“那时的东西都特别便宜”。

14 岁的时候，他用送报纸攒下来的钱买了一个小农场。“积少成多也能干很多事情。鼓励你的孩子做一些生意”。

他还是住在奥马哈只有三个卧室的小房子里，那是他 50 年前结婚的时候买的。他说，在那个房子里，他能得到他需要的一切东西，虽然那房子没有院墙和篱笆。“只买你真正需要的东西，用同样的态度培养你的孩子，教育他们也要这样做”。

他无论到哪里都自己开车，没有司机和保安。“你该怎样就怎样，不要学别人的做派”。

虽然他拥有世界上最大的私人飞机公司，但是他从不乘私人飞机出行。“总是记得用最经济的方法办事”。

他拥有 63 家子公司。他每年只给他下属公司的总裁写一封信，告诉他们这一年的目标。一般情况下，他尽量不召开会议或者给下属打电话。“安排合适的人，做合适的工作”。

他给他的总裁颁布了两条戒律：戒律一，不许赔掉股东的一分钱。戒律二，不要忘记戒律一。“设定目标，然后确保人们专心去实现这个目标”。

他不喜欢与社会高层打交道，他在家中的唯一消遣，就是边吃爆米花边看电视。“不要想着炫耀，不要攀比，做你乐意做的事情”。

他没有手机，办公桌上也没有电脑。

巴菲特向年轻人建议，远离信用卡，要为自己投资，并且要记住：过尽可能简单的生活，不要追求名牌，穿你觉得舒服的衣服。不要把钱花在不必要的事情上，而是用在真正需要的地方。你的生活是你自己的，为什么要让别人的观念支配你的生活呢？“最幸福的人不一定拥有所有最好的东西，而是善于享受人生中所有遇到的东西”。

很多的钱，很高的地位，却过着很平凡的生活——只有真正的智者才可以这样。

纵使是雀巢的老板，每次也只能喝一杯咖啡；即使是麦当劳的经理，每天也只能吃三顿饭；哪怕是美国总统，每晚也只能睡一张床；纵然是英国的女王，也只能戴一顶皇冠……明白了这一切，你就会理解巴菲特，你就不再为一切奢华所动。

一幅画的财富历程

马克遇见他的朋友乔奇，问：“喂，你的腋下夹着什么？”

“一幅画，我要卖掉它。”

“给我看看……的确是一幅好画，你卖多少钱？”

“20 美元。”

“好吧，我要了。”

一周后，两个人又见面了。这次马克腋下夹着那幅画。

乔奇问道：“你带着什么东西？”

“你的画，它不适合我的房子，我要卖掉它。”

“你要多少钱？”

“25 美元。”

“这是一幅好画，我要了。”

又过了一周，两个人相遇了，这次乔奇腋下又夹着那幅画。

马克说：“这是我们的画，这次你要卖掉它吗？多少钱？”

“30 美元。”

“好吧，成交。”

一周后，他们又相遇，为此还进行了一番讨价还价。其实，他们谁也不想再要这幅画。

直到有一天，他们又相遇了。

马克问：“我们的画呢？”

“卖了。”乔奇答道。

马克惊愕地摇摇头说：“你疯了？我们现在靠什么赚钱？”

财富应该符合一个原则：它可以造福自己，同时更能造福他人。当这项财富产生的时候，世界因它而更加美好，生命因它而更加幸福。背离这一原则的一切财富，都不值得追求和称道。

把月亮卖给你

1966 年 12 月 19 日，联合国大会通过一项重要条约——《外层空间条约》。该条约阐明了各国探索和利用月球及其他天体必须遵守的有关原则，生效时间自 1967 年 10 月 10 日起，有效期无限。

两年后，在美国俄勒冈一所大学的政治课上，教授谈到了这个条约。有个叫霍普的学生隐隐觉得条约存有漏洞，一时似有一种模糊的灵感闪现。但外太空离现实生活实在太远了，他当时最急迫的问题是，如何通过论文答辩，因此没有深究。霍普怎么也想不到，12 年后，这个一闪而过的念头竟然改变了他的命运。

大学毕业后，霍普过得并不如意，疾病、失业、破产……厄运接踵而来。一个冬天的晚上，百无聊赖的他在公路边徘徊，天上月明如昼，路边是一望无垠的土地，他不禁感叹："这么大片的土地，可惜没有一寸属于我。"

突然，一个想法如同电光火石般击中了他，他猛然想到了《外层空间条约》。"是该好好研究的时候了。"他对自己说。

第二天，霍普迫不及待地赶到图书馆查阅资料，发现条约果然存在疏漏之处！因为，所有签约的各国政府一致同意，"任何国家都不得将太空星体据为己有"，却并未提及个人可否拥有那些星球！霍普连夜起草了一份声明递交联合国，郑重宣布："本人拥有月球的土地所有权，并有意将其土地拆分出售。"

令所有法院都束手无策的是，谁都无法阻止霍普出售月球的行为。因为在签署了《外层空间条约》之后，所有国家等于完全放弃了对外太空的所有权。

霍普租了一间办公楼，标志牌上醒目地写着“月亮大使馆”。霍普告诉好奇的顾客：“这其实就是一个房地产事务所，但我卖的是月球上的土地。你只需花 19.99 美元，就可以买到月亮上的一英亩土地，我公司会给你出具一份正式的契约书，还有一张详细地图，标明所购土地的精确位置。”

“月亮大使馆”开张不到两周，就卖掉了价值 6000 美元的月球土地，并且订购单源源不断地涌来。许多著名的电影明星也陆续成为“月球大使馆”的客户，就连美国前总统罗纳德·里根和杰米·卡特也各自花了 1600 美元购得一整块“月球庄园”!

为什么有那么多人愿意购买看起来遥不可及的月球土地呢?霍普说：“第一，价格十分便宜，投资风险小，升值空间大，何乐而不为呢?第二，时尚，如果能在办公室里挂一张月球土地契约书，你不觉得是件很‘酷’的事情吗?第三，对未来的期待，既然人类可以登上月球，谁敢保证今后就绝对不会移居月球呢?”

金钱不应该只有金属气息，还应该蕴藏着诗意和想象力。

10分钟的人生

父亲与儿子正在做一个游戏，游戏规则如下：10分钟代表一生，在这10分钟里，每人各翻一本书，从里面寻找“黄金”这个词，谁找得多谁就赢。

计时开始！

儿子双目圆睁，父亲逐页寻找。房间里很安静，只听见刷刷的翻书声。

“找到1个！”1分钟后儿子兴奋地叫道。

“我也找到1个。”父亲叫道。

电子表上的数字不紧不慢地跳着。

5分钟后儿子蹦起来：“我找到了第3个！”父亲慌了：“我这里的‘黄金’为啥这么少呢？”

儿子得意地说：“你不会找嘛！要细心！”

电子表上的数字跳得好像更快了。

“第2个！”父亲说。“第4个！”儿子盖过父亲的声音。

到了第8分钟，儿子又一连找到3个“黄金”。最后他一共找到10个，父亲只找到4个。

“爸，你输了。”儿子说。

父亲点点头：“我承认我输了。可是就这么完了吗？”

“还要干什么？”儿子问。

“如何使用黄金，你想了吗？”父亲问。

儿子考虑片刻说：“我要买一大堆巧克力、玩具，买一辆真正的赛车，还要去埃及看金字塔……”

父亲指指电子表：时间还剩50秒。

儿子问：“又怎么了?”父亲笑道：“你那些愿望都不现实。你已经老了，巧克力不敢吃，赛车开不动，金字塔也看不成了。你看，说着说着只剩20秒了，10分钟的人生很快就要结束了。”

儿子呆呆地望着父亲。

父亲说：“为了寻找黄金，我们花去了大半生的时间，却难以享用它。其实黄金并不宝贵，时间才是最宝贵的，它才是每个人的终极财富。”

人生最丰富的资源是时间，最容易消失的资源也是时间。

时间才是真正的财富。在时间之外，一切都形同虚设。

扩大 1 毫米

美国有一家生产牙膏的公司，产品优良，包装精美，深受广大消费者喜爱，营业额蒸蒸日上。记录显示，前 10 年每年的营业增长率高达 15%。

接下来的几年中，销售业绩逐渐趋于停滞，后来每月几乎维持同样的数字。董事会对此表现感到不满，便召开全国经理级高级会议，以商讨对策。

会议中，一位年轻经理站起来，对董事长说："我手中有张纸，纸上有条建议，若你要使用我的建议，必须支付我 5 万美元!"董事长听了很生气："我每个月都支付你薪水，另有分红。现在你却要用一张小纸片换取 5 万美元，这样是否过分?"

"董事长先生，请别误会。假若我的建议行不通，您可以将它丢弃，一分钱也不必给我。"年轻的经理解释说。"好!"董事长接过那张纸，阅毕，装进衣袋。第二天，他签了一张 5 万美元的支票给那位年轻经理。

那张纸上只写了一句话：将牙膏口扩大 1 毫米。董事长马上下令更新包装。这个决定，使公司的营业额立刻增加了 32%。

如果这算是一个点子的话，它是世界上最缺德的点子；如果它给公司带来了利润，这是世界上最缺德的利润；许多大学的营销课教材都有这个"经典"案例，毫无疑问，这本教材就是世界上最缺德的教材!

扩大 1 毫米，会浪费多少不该浪费的资源!

放弃就是赢

美国航空业在发展中必须要做的首要决定是：做客机还是做货机？各大航空公司不约而同地回答："两个都做，因为客舱下有剩余的空间。"所以，美国的大航空公司都客货兼营。

接下来要做的决定是到达地的问题：飞商务城市还是度假胜地？这次不约而同的说法是："两种都飞，为什么非要局限在一种到达地呢？休斯敦或檀香山我们都要占领。"

下一个是关于经营范围的抉择：飞国内还是飞国际？答案已经能猜出来："老规矩，两种都拿下。"所以，美国的大航空公司既载客又运货，既飞国内又飞海外。

最后一个问题是：服务是提供给头等舱、商务舱还是经济舱？对此，绝大部分航空公司又一次不约而同地回答："三种都要，一种都不能少。"所以，美国的大航空公司都提供多级别服务，美利坚航空公司现在提供七种级别的服务：经济舱超省、经济舱特省、灵活经济舱、即时升级、特别商务级、灵活商务舱以及灵通至上。

只有美国的西南航空公司比较"另类"，它的飞机只飞商务城市，不飞度假地；只有经济舱，不提供头等舱或商务舱；只飞国内，不飞国际。而且，西南航空公司只用波音 737 这一种机型，与之相对的是，美国三角洲航空公司有 8 种机型，美利坚航空公司也拥有 8 种机型。

当大家都笑西南航空公司"鼠目寸光"的时候，差别却很快显现出来。正是这种“短浅目光”，提升了西南航空公司的运营能力，其投诉率在整个美国航空业常年保持最低。

这种“目光短浅”，还提升了它的维护能力。如果机械工和维修工只维护波音737一种机型，那么，整体维护和服务水平更容易掌控。在过去30多年的运营中，西南航空公司保持了零事故的记录，全球只有一家航空公司能跟它媲美。

西南航空公司在过去10年中更是保持了良好的赢利势头，而当初豪气冲天的美国其他各大航空公司，除了美利坚航空公司以外，都相继破产，而美利坚航空公司这一时期的亏损额也达到43亿美元。

目光不用太远大，想跟比你更强大的企业竞争，只需要一个比它更小的焦点。

金钱是一只捣蛋的猫，你追着它的时候，它会忽然失去踪影；当你耐心站定，说不准它什么时候又突然蹲在你面前的椅子上。

1000 万大奖

美国 79 岁老翁唐纳德是个彩民，买了近 20 年的彩票。这天他买了彩票之后，像往常一样在花园除草，突然，心脏病发作，不幸去世。

悲痛的家人忙于料理后事，谁都没有注意到他买的彩票。直到一个多月后，他的妻子夏洛特在整理丈夫遗物时偶然发现了它。这一看不打紧，原来这张彩票居然中了 1000 万大奖！幸运的是，它还没有过期。

拿到 1000 万美元巨款的夏洛特说："我没有想好怎么使用这笔钱，因为它太出乎意料了。也许，我会买一套豪宅，或者去世界各地尽情游览一番。"

不过，唐纳德的孩子们却认为，这简直是对父亲的讽刺，他多年坚持买彩票，却从没中过奖。现在他去世了，却中了这么大的奖。

对于喜欢买彩票的人，买彩票就是他的快乐，而对彩票中奖的盼望，就是他全部的幸福所在。所以，在某种程度上说，对财富的盼望，比得到财富更有诗意和美感。

唐纳德，就是这样一个在快乐和期盼中度过一生的人，一个幸福的老人。可惜，他的孩子们却无法理解这种幸福。

犹太人的儿子

在奥斯维辛集中营，一个犹太人对他的儿子说："现在我们唯一的财富就是我们的智慧，当别人说一加一等于二的时候，你应该想到大于二。"在纳粹集中营，很多同胞被毒死或者活埋，这对父子却侥幸逃过劫难。

1946年"二战"结束，父子二人来到美国，在休斯敦做铜器生意。一天，父亲问儿子一磅铜的价格是多少？儿子答35美分。父亲说："对，整个得克萨斯州都知道每磅铜的价格是35美分，但作为犹太人的儿子，应该说是每磅3.5美元。你试着把一磅铜做成门的把柄看看。"

20年后，那位父亲去世了，儿子独自经营铜器店，他做过铜鼓，做过瑞士钟表上的簧片，做过奥运会的奖牌。他曾把一磅铜卖到了3500美元。然而，真正使他扬名的，并不是他的铜器，而是纽约州的一堆垃圾。

1974年，美国政府为清理给自由女神翻新余下的废料，向社会广泛招标。由于政府出价太低，好几个月没人应标。他听说这件事的时候正在法国旅行，于是立即乘飞机赶往纽约，看过自由女神像脚下堆积如山的铜块、螺丝和木料后，他喜出望外，未提任何条件，当即就签订了协议。

许多运输公司为他的这一愚蠢举动暗自发笑，因为在纽约州，对垃圾的处理有严格规定，弄不好就要受到环保组织的起诉。就在一些人要看这个得克萨斯人的笑话时，他开始组织工人对废料进行分类。他让人把废铜熔化，铸成小自由女神像，把水泥块和木头加工成底座，把废铅、废铝做成纽约广场的钥匙，最后他甚至把从自由女神身上扫下的灰尘都包装起来，出售给花店。不到三个月的时间，他让这堆废料变成了600万美元现金。

这个犹太人的儿子，就是这样一步步走向成功，他从一磅铜开始，从一加一大于二开始，从奥斯维辛集中营开始，终于成为美国麦考尔公司的董事长——卡尔·麦考尔。

他的成功不是靠金钱，也不是靠机遇，而是依靠自己的思考和努力。

财富总是藏在别人看不见的地方，藏在别人不屑一顾的地方，或者是藏在大家司空见惯的地方。世界上的一切都是财富——只需要你赋予它们一种内涵，为它们施一点儿魔法。

快乐就是金钱

在 1929 年美国经济大萧条中，采暖设备推销员戴罗不幸被解雇。长期失业的戴罗决定利用闲暇搞一些有趣的发明。

儿时的戴罗经常随家人去新泽西州的大西洋城度假，那里的风光让他记忆犹新。戴罗突然产生了一个想法，他按照大西洋城的街道布局设计了一种游戏棋，起名为“强手”。游戏内容是赚钱与花钱，这恰是大萧条时期人人想做的事情。

戴罗用一张圆形油布当做棋盘，用废木桩刻出一座座缩微房屋和旅馆。在这款游戏中，戴罗重新拾回了那些美好的记忆，原本难熬的日子似乎也过得快多了。

戴罗的亲友也很喜欢这款游戏。于是，戴罗开始在家里自制强手棋，每副售价 4 美元。1934 年，戴罗手工制作的强手棋已经供不应求，他写信给帕克兄弟公司，希望合作经营。帕克兄弟指出了游戏中的 52 个设计错误，然后一口回绝。

戴罗并未就此罢休。他筹措资金，制作了若干副强手棋，交给费城的华纳梅克百货公司代售。强手棋很快风靡费城。

强手棋的成功销售，使帕克兄弟不得不重新考虑他们先前的论断。1935 年，他们购买了游戏的所有权，当年的生产量立即达到每周 2 万套。强手棋成为那一年美国销量最好的棋盘游戏，戴罗也因此成为有史以来游戏设计师中的第一个百万富翁。

这一切，仅仅始于一个简单的动机：一个面带微笑的穷人，想要快乐地打发时光！

快乐的人不会被生活抛弃，因为生活自己也需要快乐；快乐的人不会贫穷，因为快乐本身就价值连城。

驼鹿的防毒面具

有一个推销员，他以能够卖出任何产品而闻名。但他的朋友对他说：“你能卖给驼鹿一个防毒面具吗?”

这位推销员不远千里来到北方，那里是一片只有驼鹿居住的森林。“您好!”他对遇到的第一只驼鹿说，“您一定需要一个防毒面具。”

“这里的空气如此清新，我要它干什么!”驼鹿说。“现在每个人都需要一个防毒面具。”推销员说。“真遗憾，可我并不需要。”驼鹿不以为然地说。

“您稍候，”推销员说，“您会需要一个的。”说着他开始在驼鹿居住的林地中央建造一座工厂。“你真是发疯了!”他的朋友说，“其实，你只是想卖给驼鹿一个防毒面具呀!”

当工厂建成后，许多有毒的废气从大烟囱中滚滚而出，此后不久，驼鹿就来到推销员的办公室，痛苦地说：“现在我需要一个防毒面具。”

“好，这正是我所希望的。”推销员说着便卖给了驼鹿一个防毒面具。“别的驼鹿现在也需要防毒面具，你还有吗?”驼鹿问。“你真走运，我还有成千上万个。”推销员高兴地说。

生意做成了，推销员把驼鹿的钱全部赚进了自己的腰包。不过，他还是拿出一部分钱为驼鹿建了一所医院。

“可是，你的工厂生产什么呢?”驼鹿好奇地问。“防毒面具呀。”推销员兴奋地耸耸肩回答。

驼鹿本来不需要面具，因为商家生产驼鹿面具将空气污染，结果驼鹿不得不戴上面具；驼鹿本来生活得很好，因为不得不购买防毒面具，它们变得贫穷，变得民不聊生。现在，它们除了要寻找安全的食物之外，还要拼命挣钱，以便有能力为自己和子女购置防毒面具。

金钱就是这样披上了罪恶的外套，但是，它始终还戴着慈善的面纱。

魔鬼的计谋

有个老魔鬼看到人间的生活过得太幸福了，他说："我们要去扰乱他们，要不然魔鬼就不存在了。"

他先派了一个小魔鬼去骚扰一个农夫。因为他看到那农夫每天都辛勤地工作，所得却少得可怜，但他还是那么快乐，非常知足。

小魔鬼就开始想，要怎样才能把农夫变坏呢？他就把田地变得很硬，让农夫知难而退。

农夫用力地挖地，做得好辛苦，但他只是休息一下，又继续干活，没有一点儿抱怨。

小魔鬼看计策失败，只好摸摸鼻子回去了。

老魔鬼又派了第二个魔鬼来。第二个小魔鬼想，既然让他更加辛苦也没有用，那就拿走他所拥有的东西吧！

小魔鬼就把农夫午餐的面包和水偷走，他想，农夫又累又饿，却连面包和水都不见了，这下他一定会暴跳如雷！

农夫又渴又饿地到树下休息，他很想吃点东西，喝口水。想不到面包跟水都不见了！

"不晓得是哪个可怜的人，他一定比我更需要那块面包和水。如果这些东西能让他得到温饱的话，那就太好了。"

又失败了，小魔鬼沮丧而归。

老魔鬼觉得奇怪，难道没有任何办法使这个农夫变坏吗？这时，第三个小魔鬼出来了。他对老魔鬼讲："我有办法，一定能把他变坏。”

小魔鬼先去跟农夫做朋友，农夫很高兴。因为魔鬼有预知的能力，他告诉农夫，明年会有干旱，他教农夫把种子撒在湿地上，农夫便照做。结果第二年别人没有收成，农夫却谷麦满仓。

小魔鬼每年都这样指导农夫耕种，三年下来，农夫变得非常富有。小魔鬼又教农夫把米拿去酿酒贩卖，赚取更多的钱。

慢慢地，农夫不工作了，靠着经商就能获得大量金钱。

有一天，老魔鬼来了，小魔鬼告诉老魔鬼说：“您看，我现在要展现我的成果了。这农夫现在已经有猪的血液了。”

只见农夫办了个晚宴，所有富有的人都来参加；喝最好的酒，吃最精美的餐点，还有好多的仆人侍候。

他们非常浪费铺张地吃喝，个个醉得不省人事，开始变得像猪一样痴肥愚蠢。

“您还会看到他身上有着狼的血液。”小魔鬼又说。这时，一个仆人端着葡萄酒出来，不小心跌了一跤。

农夫立刻骂他：“你这个笨蛋，做事这么粗心！”

“唉！主人，我们到现在都没有吃饭，饿得浑身无力。”

“事情没有做完，怎么可以吃饭！”农夫吼道。

老魔鬼见了，高兴地对小魔鬼说：“唉！你太了不起了！你是怎么办到的？”

小魔鬼说：“我只不过是让他拥有的比他需要的更多而已，这样就可以引发他的贪婪。”

有钱人分两种：一种是以财富惠及他人，回报社会；一种是以财富祸及他人，扰乱社会。

金钱为什么不能让我们更加高尚，更加慈悲，更加睿智，而常常却是相反？

聪明的女人

一个聪明的女人在一条小溪中发现了一枚宝石。第二天，她遇到一个饥饿的旅行者，聪明的女人打开包，将自己的食物拿出来与他分享。饥饿的旅行者看到了那枚宝石，要求女人将宝石送给自己，聪明的女人毫不犹豫地答应了。

碰到这样好运气的旅行者欣喜地离开了，他知道那枚宝石非常值钱，足够他下半辈子生活。

但是几天后，他又带着那枚宝石回来找那个聪明的女人。“我一直在想，”他说，“我知道这枚宝石价值连城，但我还是把它送还给你，我希望你能给我更珍贵的东西。”

“我还有什么更珍贵的东西呢？”聪明的女人问道。“把你拥有的那种让你将这块宝石送给我的力量给我吧！”

有时，真正能征服别人的不是你的财富，而是你内心征服财富的力量。

我们来时，没带来什么；我们去时，也不带走什么。我们有时，暂时拥有；我们失去，只是归还。一块宝石，就是石头。一块石头，有何不舍？金银财宝，何必贪恋？

世界上只有一个女人明白了这个道理，于是，她成了我们眼中最愚蠢的女人，实际上最聪明的人。

世相

冷暖炎凉的情态

HARVARD FAMILY INSTRUCTION

温情和假象

好莱坞大片《泰坦尼克号》自上映以来经久不衰，也许是因为杰克与露西的感人爱情，也许是因为沉船时那一幕幕温暖的画面。

在1912年4月12号的深夜，号称不会沉没的超豪华巨轮“泰坦尼克”号，不幸在纽芬兰附近海域与冰山相撞，无情的海水涌入船舱，死亡的阴影立刻笼罩着船上所有的人。此刻电影中出现了许多感人的情景：老船长宣布让妇女和儿童先上救生艇，而自己却平静地与“泰坦尼克”号一同沉没；一位父亲深情地吻过小女儿之后，将她送上救生艇，自己留在船上，诀别时泪光闪闪；一对贵族夫妇在死神面前毫不畏惧，紧紧相拥含笑而眠，把生存的机会留给年轻人……

看到这一切，相信很多人都会泪流满面吧？然而当时的事实却不是如此。据有关数据记载，当年头等舱总共有319人，其中有200人幸存下来，存活率为63%；二等舱共有269人，有117人幸存，幸存率为43%；三等舱有699人，只有172人幸存，存活率为25%。

为什么不同等级舱的存活率差距这么大呢？原因有两个：一是当时社会的等级森严，救生艇都安放在头等舱和二等舱附近，以此来降低富人和中产阶级等上层乘客对航海风险的担心；二是船长安排头等舱和二等舱的乘客先上救生艇，并不像电影中所展示，让妇女和儿童先上。这一点很明显地表现在儿童死亡人数上，头等舱和二等舱共有32名儿童，只有1名死亡，而三等舱75名儿童，却有55名死亡。

头等舱和二等舱遇难的人中，大多数是因为坚信“泰坦尼克”号永远不会沉没的神话，不少是在等待家人中错过逃难的机会。对比之，三等舱幸存下来的人中，大多数是在跳海后才被救上救生艇的。

以社会等级为标志的舱位成为获得生存的筹码，令人对社会的残酷与无情深感痛心。现实中的“泰坦尼克”号是令人心生寒意的，就让它随着历史永远成为过去式吧，愿长留在我们心中的是那一幕幕温暖的画面，相信人间自有真情在。

社会是不公平的，不要对生活心存幻想；不要总期待救生艇，你最好自己学会游泳；面对不公平的世界，不能总是仇恨埋怨，应该努力去改变，让冰冷的世界变得温暖。

卓别林的无奈

喜剧大师卓别林来伦敦演出，受到了伦敦市民极其热烈的欢迎。不到三天，他就收到了7万多封来信。怎么处理这些信件，使卓别林感到为难。于是，他请人把这些信件进行了分类：

有2.8万封来信，向卓别林请求借款和援助；

有671人声称跟卓别林有亲戚关系，其中有9个女人声称是他的远房姨妈，还有不少人说自己是他的伯叔、堂兄弟、侄儿……这些人几乎都是一个目的：请求喜剧大师慷慨解囊；

有几千个女子向他倾诉爱慕之情，请求与他约会，还附上自己的照片；

一些发明家、商人、濒于破产的实业家，都纷纷要求他入股，学校请他做校董，并希望给予经济支持；

有人要把自己的孪生子送给他，将来做事业的继承人；

有一个人寄来一张当票，要求卓别林把他祖母的假牙从当铺里赎出来……

面对这7万多封来信，卓别林感叹地说：“这真是一出漂亮的喜剧！比我演的滑稽电影还要滑稽！”

不要被一些喝彩和掌声迷醉，不要在甜言蜜语中失去方向，远离那些无缘无故的献媚和亲近……

很多美丽面具的背后，都藏着你所不知道的欲望和贪婪。

两个法国人

有一次，两个法国人和两个犹太人搭火车旅行。

法国人很单纯，每人买了一张票；而犹太人精打细算，两个人只买了一张票。法国人见到这种情形，就问犹太人："你们只有一张票，等列车长来查票，你们怎么办?"

犹太人神秘地笑而不答。上了火车不久，便传来列车长查票的叫声，只见两个犹太人挤进一间厕所。

列车长来到他们的车厢，首先敲了敲厕所的门，说："车票看一下!"门开了一条缝，一只手拿着一张票伸出来。列车长怎么也想不到，一间厕所内，竟会躲着两个人。

他看过了票，说道："嗯，好了，谢谢!"又把票从门缝中塞了回去。

到了目的地，他们四人玩得很尽兴。准备返程时，两个法国人心想："犹太人的方法不错。"于是他们几经讨论后，决定也买一张票。可是这次犹太人连一张票也没买。

上了火车，两个法国人期待着：不知道犹太人又有什么好方法。说时迟，那时快，列车长又来查票了。法国人顾不得观看犹太人的新招式，两人赶紧钻进了厕所。

"叩、叩"两声，厕所的门应声而开，一只手拿着一张票，从门缝中伸出来。"嗯，谢谢……"

两个犹太人拿了票，立刻往前一节车厢的厕所奔去。

这时，两个法国人又听到"叩、叩"两声，这回是列车长。

生活首先需要我们分辨是非，知道哪些可为，哪些不可为；学习是一个没有止境的过程，无论你了解了多少，总还有一些技巧是你所不知道的；如果你不是聪明绝顶，最好就老老实实当个傻子。

不正当的事，无论你做得多么完美，最后的结局总不会完美。

告密的米兰·昆德拉

“强迫人们与他们合作，给另一些人设置陷阱，这样，他们就能慢慢地把整个民族变成一个纯粹的告密者组织”。米兰·昆德拉曾在小说《生命中不能承受之轻》中，对当时东欧各国的残酷现实作了这样的描述。

然而几十年后，米兰·昆德拉也被卷入了“告密”丑闻。

随着捷克逐渐解禁部分20世纪50年代的绝密文件，许多过去不为人知的秘密开始曝光。其中有一份报告非常引人注意，报告说，“一个1929年生于布尔诺……名叫米兰·昆德拉的学生，向我局揭发……一个名叫德佛哈塞克的人是叛国者，曾非法逃往德国……”结果，这个名叫德佛哈塞克的年轻人因昆德拉的告发，被投入监狱14年。

此事披露之后，不仅在捷克，更在整个西方社会引起震动。很多人不敢相信，能写出《生命不能承受之轻》这样伟大名著的作者，一个坚定地反对集权统治的人，怎么会有这样不完美的人格呢？怎么会充当政府的告密者？

从1985年开始，米兰·昆德拉就基本上不在公开场合说话。然而，面对告密一事，他不再保持沉默。他声称，这完全是一种攻击，这样的攻击无异于对“作家的暗杀”。米兰·昆德拉在接受捷克新闻社采访时说：“我被这些事惊呆了，我完全没有想到会发生这种事情。我的记忆不会欺骗我，我从来没有替秘密警察干过活儿。”

尽管米兰·昆德拉本人断然否认了“告密”丑闻，但是，那份来自于历史档案中的警察报告，却是让人无法回避的“白纸黑字”，而米兰·昆德拉对此也无法解释。看来，他仍然在用谎言保护自己。

长居瑞典的德佛哈塞克已80高龄，现在仍然健康地活着。他是怎么看待这个问题的呢？老人的回答意味深长，他说：“昆德拉是个不错的作家，但我毫不怀疑，他首先也是一个人。”

到底是人在模仿狗，还是狗在模仿人呢？我们的心里，是装着一个人，还是装着一只狗？

无论是名人或者伟人，他们首先都是人。因为他们是人，所以他们都无一例外地拥有人的所有弱点。不要给任何一个人罩上光环，也不要轻易被一个人的光环所迷惑。总统、科学家、艺术家、企业家，等等，虽然叫法很多，但归根结底，他们就是一个人，所以，不要期望他们比你更纯洁，所以，你完全可以比他们更高尚。

谁在剥夺生命

坐落在里约热内卢最富有街区的一座公共医院，每天接待千余名病人。那些病人几乎全都是穷人，甚至是赤贫的底层人。

在这里当医生，经常会面临良心的拷问，而且不得不承受灵魂的责罚，因为他们常常要进行无可奈何的抉择。

有一天，一个值班医生面前放了两个刚出生的女婴，她们在同一时间降生，而且都已经奄奄一息。可是，医院只有一台人工呼吸器，值班医生必须马上决定让哪一个活下去。

他万分痛苦，面对两个此刻还是鲜活的生命，面对双方父母同样是哀求又焦虑的眼神。我有什么权力？医生无奈地想着，就让上帝来决定吧。

时间紧急，医生只能做单项选择，不管选择谁，自己都会犯下一个罪行。但是，如果他什么都不做的话，就意味着将犯下两个罪行。

没有时间犹豫不决，因为那两个女婴的面色已经开始改变。医生闭上他的眼睛，伸手在两个女婴中随意抱起一个。于是，一个被判处死刑，另一个被判处活下去。

在这里，医生每天都会经历这样的绝望和崩溃，可是，除此之外，他们还能怎么办？

有些时候你会无能为力，有些场景就是绝境，有些遭遇别无选择。所以，要学会理解人，学会面对世界，要努力学会承担。

能够自己主宰的生活是多么好啊！我们要珍惜，要感激。

帕帕斯蒂岛上的锁

在大西洋中，有一座名叫帕帕斯蒂的小岛。有一次，两个做防盗门生意的西班牙人，一个叫拉米多，另一个叫费尔斯，在途经这座小岛时，遭遇了暴风。

于是，他们停下装满货物的船只，开始在岛上推销他们的产品，结果遭到了拒绝。原来，这里家家户户都没有门，也没有锁，他们的食物都是平均分配的，彼此之间无须防范。

为了卖出门和锁，拉米多冥思苦想，终于想到一个办法。

次日天一亮，拉米多和费尔斯便起床，把他们船上的面包和羊肉罐头分别向岛上的居民赠送。站在拉米多面前的居民，每人得到 4 听罐头、4 块面包，而站在费尔斯面前的居民每人只得到 1 听罐头、1 块面包。

第一天，岛上风平浪静。第二天，终于有人向拉米多问起防盗门的事情。第三天，他们的防盗门和防盗锁被抢购一空。

费尔斯不解，问拉米多原因。拉米多说："要在他们心里装上一把锁，然后才能让他们购买我们的防盗门和防盗锁。他们心里那把锁叫贪欲，过去他们和平共处，是因为他们拥有相同的财物；现在，一些人拥有了更多的财物，于是就锁起来，以免与他人分享。"

这是一个在西班牙流传了很久的故事。后人只要说起那些重利轻义的人，便会说：他的心里一定装有"帕帕斯蒂岛上的锁"。

大地是敞开的，天空是敞开的，人群是敞开的，这本来很好。可是，我们用房屋把彼此隔开，我们用围墙把彼此隔开，我们用名誉、地位、金钱把彼此隔开。这种阻隔永远也不能消除，唯一的途径只有一个：把心敞开。心敞开了，世界才能够重新明亮起来。

可笑的结局

有一家企业准备淘汰一批落后的设备。

董事会说："这些设备不能扔，得找个地方存放。"于是专门为这批设备建造了一间仓库。

董事会说："防火防盗不是小事，应找个看门人。"于是找了个看门人看管仓库。

董事会说："看门人没有约束，玩忽职守怎么办？"于是又委派了两个人，成立了计划部，一个人负责下达任务，一个人负责制订计划。

董事会说："我们应当随时了解工作的绩效。"于是又委派了两个人，成立了监督部，一个人负责绩效考核，一个人负责写汇报总结。

董事会说："不能搞平均主义，收入应当拉开差距。"于是又委派了两个人，成立了财务部，一个人负责监督考勤，一个人负责发放工资。

董事会说："管理没有层次，出了差错谁负责？"于是又委派了 4 个人，成立了管理部。一个人负责计划部工作，一个人负责监督部工作，一个人负责财务部工作，一个人是总经理，对董事会负责。

一年之后，董事会说："去年仓库的管理成本为 35 万元，这个数字太大了，你们必须对此进行改革。"

于是，一周之后，看门人被解雇了。

生活里经常出现荒诞和黑色幽默的现象，我们也许百思不得其解，其实原因无外乎两种：或者是因为有意的错误，或者是因为无意的错误，归根到底，要么是智慧缺失，要么是道德缺失。

荒谬的数据

美国霍普金斯大学刚开始接收女学生时，一个不赞成异性同校的记者做了一个惊人的报道：霍普金斯大学自开始男女同校以来，有1/3的女学生嫁给了该校教师。报道发出后，舆论哗然。后来，另一位记者到该校进行采访，终于摸清了真相：该校总共招进过3名女生，其中1人嫁给了老师。

在美国与西班牙交战期间，美国海军的死亡率是9‰，而同时期纽约市居民的死亡率是16‰。后来海军征兵人员就用这些数据来证明，参军更安全！

数据的确不虚，但问题在于，这两组对象是不可比的。海军主要由那些体格健壮的年轻人组成，而城市居民却包括了大量的婴儿、老人、病患者，他们无论在哪儿，死亡率都比较高。这些数据根本不能证明符合参军标准的人，在海军比在其他地方有更高的存活机会。

美国政府要求商家在制作兔肉三明治时，兔肉所占的比例不得低于50%。然而当人们实地品尝时，发现很多商家卖出的兔肉三明治中，兔肉分量依然很少，原来，他们都在其中掺加了马肉。面对媒体的质疑，商家答道："是的，我们是掺了一些马肉，但我们的比例依旧控制在50%：一匹马，一只兔子。"

美国《读者文摘》曾聘请一些实验室人员，对不同品牌香烟的烟雾展开了分析，在准确的数据支持下，该杂志声明：所有品牌的香烟烟雾中，尼古丁以及其他有害物质的含量都是一样的。无论你吸什么牌子的香烟，不会有任何差异。在开列的一长串具有相同有害物质的品牌名单上，总有一个排在最后，这就是“老黄金”牌香烟。

于是，“老黄金”的老板从中发现了商机，他将大幅广告以最大的字体刊登在报纸上。广告的标题和正文声称，由一家国家级杂志主持的实验证明，“老黄金”牌香烟在不良物质以及尼古丁含量方面均“排名最后”。就这样，“老黄金”香烟一时间被火热抢购。

老板，你刚才说的那些，也许……并不完全正确，因为……您手中的资料是……是颠倒的……

有些事实恰恰让你远离事实。不要盲从，不要轻信。

究竟谁最蠢

席尔瓦先生和佩雷拉先生是非常要好的朋友。一个星期天的晚上，他们在席尔瓦先生的寓所里喝啤酒。

这两位先生尚未成家，所以，他们各自雇了一个用人为他们打理房子，有时候还可以替他们跑跑腿。

几巡啤酒下肚之后，他们便将谈论的话题转向了他们的用人。

佩雷拉先生对席尔瓦先生说道："我说席尔瓦先生，我想，我的用人班达应该算得上世界上最愚蠢的用人。"

"算了吧，佩雷拉先生。要是你能证明班达比我的用人忠达更为愚蠢，那我就誓不为人。"

"好的，好的，我会证明给你看的。"说着，席尔瓦先生把他的用人班达叫了过来，交给他 10 个卢比，"班达，你拿着这些钱到大街拐角处，在那家丰田汽车专卖店给我买一辆佳美新车。"

"没问题，先生。"班达兴冲冲地走开了。

"佩雷拉先生，你看我的用人多么愚蠢！"

"哼！你是说这就够愚蠢的啦？等一会儿你瞧瞧我的用人吧。"于是，他叫来忠达，给了他 2 个卢比。

"忠达，拿着这 2 个卢比，坐车到我的办公室去找我的秘书，问一下我是否在办公室。"

"没问题，先生。"忠达拿着钱走出了大门。

用人走后，席尔瓦和佩雷拉先生又争执起来。他们都在极力让对方相信自己的用人是世界上最愚蠢的。而此时此刻，他们的用人班达和忠达正在外面为他们奔波效力。在一处街角，两个用人不期而遇了。

“忠达，你见到了吧。”班达对忠达说道，“我想，我遇到了一个全世界最愚蠢的主人。”

“不，班达，我的主人才是世界上最为愚蠢的。”

“忠达，你看我的主人多么愚蠢。他刚才给了我10个卢比，叫我今天就给他买一辆佳美牌丰田新车！”

“真的吗？”

“真的。这个傻瓜，他不知道丰田汽车经销店星期天并不营业。”

“你认为这就够傻啦？我的主人刚才给了我2个卢比，要我去他的办公室，看看他是否在那儿。”

“真的吗？”

“真的。这个傻瓜不知道，打个电话到他的办公室，亲自问一下，只需要花费1个卢比，根本用不着给我2个卢比。”

在聪明人的眼里，一些人是愚蠢的，他们是十足的傻瓜。可是，在这些傻瓜的眼里，聪明人也是愚蠢的，也是傻瓜。他们各自拥有自己的证据，各自拥有自己的判断方式，各自都可以自圆其说。

你说，到底谁才是傻瓜呢？在现实生活里，我们有时是聪明人，有时是傻瓜。如果你总在分辨谁是聪明人谁是傻瓜的话，你就绝对是十足的傻瓜。

充满水的牛奶池

一位善良的国王，他让工人挖了一个池子。池子挖好后，国王发了一个告示：“每个公民都必须准备一杯牛奶，在晚上将牛奶倒进池子。”

这样，第二天早上池子里就会充满牛奶，国王准备用这些牛奶救济无家可归的乞丐。

接到这个命令后，所有人都开始准备。一个男人在准备牛奶的时候想：“反正每个人都会倒一杯牛奶到池子里，我可以倒一杯水进去，因为在晚上，没有人会发现。”

他趁着天黑，拿来一杯水倒进了池子。

第二天早上，国王来到池子边，他惊呆了：池子里全是水！

每个人都像那个男人一样想：“我不必倒那一杯牛奶，反正其他人会倒的。”

一个念头就会改变世界——好的念头让世界变得美丽，坏的念头让世界变得阴暗。

我们之所以经常不在乎自己的念头，是因为我们总在想：我一个人这样想没有什么关系，我只是一个人而已。看看这个牛奶池，你就会明白一个人的念头有多么重要！

两个爱斯基摩人的命运

有一个格陵兰的爱斯基摩人，多年前受雇于一个美国的北极探险队。探险结束后，为了感谢他对探险队的忠诚服务，他被邀请到纽约进行一次短暂的旅游访问。

回到家乡的渔村后，他向村人讲述了高耸入云的大楼，在街上飞快移动的汽车，巨大的桥梁，五颜六色的灯光，以及其他令人叹为观止的景象。

在他津津乐道地叙述时，村民们都冷漠地看着他，然后一个个走开了。从此以后，整个村子的人为他取了一个绰号——说谎者。

后来，著名探险家拉斯姆森从格陵兰到阿拉斯加探险，他带了一个名叫米泰克的爱斯基摩人同行。探险结束后，米泰克分别访问了纽约和西雅图，看到了他一生中从未见过的神奇美景，并留下了很深的印象。

当米泰克回到格陵兰时，他本想将自己的所见所闻原原本本告诉大家，但想到了“说谎者”的悲剧，他决定学聪明一点儿。他告诉村里人，他和拉斯姆森博士如何将船停靠在哈得孙河的岸边，如何在每天早晨把船划出去打猎。他说，河边到处是野鸭子，还有海豹，他们玩得很开心。

他说了许多令村里人能想象得到的事情，因此，他不仅保全了名声，还受到许多人的羡慕。在当地人们的心目中，米泰克是个诚实的人，邻居们对他比以前更加尊敬。

说出该说的，留下不该说的，这是一种处世之道。生活只有真诚还不够，有时候还要把真诚装点一下。

我没事

农夫克莱德遭遇严重车祸，他把事故责任方货运公司告上了法庭。

在法庭上，货运公司聘请的律师问克莱德：“在事故现场，难道你没说过‘我没事’这句话吗？”

“噢，我得把具体情况说清楚。我当时正将我那头心爱的骡子贝西赶进……”

“我没问你任何细节，也没问你骡子，”律师立即打断他的话，“你只管回答我，你有没有说过‘我没事’这句话？”

克莱德说道，“噢，我当时刚好把贝西赶进了拖车，然后沿着那条公路……”

律师再次打断克莱德的话，“在事故现场，这个人曾经对公路巡警说过他没事。而现在，在事故发生几周后，他却要控告我的当事人，我认为他是想讹诈。请法官大人要求他直接回答我，不要绕圈子。”

法官驳回了律师的请求：“我倒很想听听他那头骡子究竟是怎么一回事。”

克莱德继续说：“正如刚才所说，我把贝西赶进拖车，沿着公路一路行驶。这时，一辆巨型货车不顾停车信号，冲了过来。我当时被撞到了路边的壕沟里，而我的贝西被抛到另一边……”

“可是，你说过，你说过‘我没事’！难道你忘了吗？”律师再次高声插话。

法官恼怒万分地制止了律师，这样，克莱德才再次继续他的讲述。

“我当时伤得实在不轻，根本不能动弹，可我能听见贝西在痛苦地呻吟。不久，一位公路巡警赶到了现场。他看到贝西痛苦的样子，拔出手枪对准贝西的脑门开了一枪。随后，巡警握着枪走到我面前问，‘你的骡子奄奄一息，为了减少它的痛苦，我只好结束它的生命。你现在情况怎么样？’你们想想，这时候，除了说‘我没事’，我还能说什么呢？”

难道你看不出来吗？
我病了！病了！

判断事物的真伪，必须让它回归到曾经发生的过程之中。有些话，有些行为，只有在它发生的当时环境才能呈现本来的意义。

故事中的主人公说“我没事”的时候，是真的“没事”吗？如果只听律师的一面之词，我们或许就会得出错误的结论。

这个世界始终亮着，可是里面却藏着黑暗。

列车上的父与子

列车行驶着，车厢里挤满了人。在一个临窗处，坐着一位老人和他的儿子。这位老人的儿子看上去有30多岁了，一路上十分兴奋，不时冲着窗外的景色大呼小叫。

“爸爸，快看，那些绿色的树多美呀！”这些话从一个30多岁的人嘴里说出来，有些过于天真。周围的乘客窃窃私语，猜想这个儿子智商可能有问题。

突然，天开始下起了雨。这个30多岁的家伙又快乐地喊了起来：“瞧，爸爸，雨是多漂亮呀！”

有一位女士终于忍不住了，因为她穿了一身新衣服，雨水将新衣服弄湿了一片。“难道你们没有见过下雨吗？”她说，“这位老人家，如果你的儿子脑子出了问题，不要在公共场所给大家添麻烦，你可以带他去精神病院看看！”

老人先是一怔，然后带着歉意低声答道：“对不起，小姐，我们正是从医院回家。我的儿子是今天早晨出院的，他患有先天性失明，上一周刚刚恢复了视力，雨水和大自然的一切，对他来说都是新鲜的。”

那位女士愣在那里，其他议论的人也呆住了，他们的脸上露出难堪的神情。

有时候，我们看到的不都是真相，而只是真相外面的标签。也就是说，我们对事物的认识可能存在偏见，我们的所言所行可能离真相甚远。这些言行会伤害别人，也会伤害自己。

世界的复杂和丰富，永远超出我们的想象。怀着爱的心去审视一切吧，哪怕你什么都不知道，但你至少不会错。

母猪公司和沙丁鱼罐头

一头母猪现价100元，把它变成100股股票卖出，每股应是1元。这道小学生都不会算错的题目，在股市上就会变样。

假设将这头母猪注册成母猪集团，发行100股母猪集团的股票。现在，你认为母猪集团的股票每股实际值多少钱？如果这些股票上市，你认为母猪集团的股票会以什么价格交易？

答案是：它既可能以每股1角钱的价格交易，也可能以每股上百元的价格交易！

只要养这头母猪的玛丽大妈，也就是母猪集团的董事长，能说服股民们相信这头母猪的生育能力奇强，而她本人的经营管理能力也特强，母猪集团的股票被炒到上千元也不奇怪。

毫无疑问，母猪集团的公司介绍中，绝不会说他们只有一头母猪，它会告诉股民，集团从事的是“饲料购销、良种培育、鲜肉加工出口”之类具有挑战性的高科技业务。

股价和股票所代表的价值有什么关系？华尔街流传过这样的故事：两位炒手交易一罐沙丁鱼罐头，每次交易，一方都以更高的价格从对方手中买进这罐沙丁鱼，如此不断交易下去。

有一天，其中一位决定打开罐头看看，了解一下为什么一罐沙丁鱼要卖这么高的价钱。结果他发现，这罐所谓的“沙丁鱼”早已腐烂发臭，根本分辨不出它到底是什么东西。因此他指责对方卖假货，对方回答：“谁让你打开的？这是用来交易的，不是用来吃的！”

孩子们以为只有自己会玩游戏，其实大人也每天在玩游戏。不同的是，孩子们的游戏就叫游戏，没有欺骗，没有贪欲，没有功利。大人们的游戏，通常不会被称作游戏，而是被冠以堂皇的名称，然后煞有介事地开始尔虞我诈。

实在忍不住

有一天，蝎子来到河边，它想过河找它的好朋友毒蛇。

可是，它不会游泳。

这时，一只青蛙游了过来。于是，蝎子恳求青蛙将自己背过河去，可青蛙执意不肯。

青蛙说：假使游到河中间，你蜇我一下，我不就没命了吗?

蝎子说：可是，那我自己不也没命了吗?

就这样，蝎子跳上了青蛙的脊背。

游到河中间，青蛙觉得自己的脖子上被重重地蜇了一下。

在和蝎子一起沉进河底之前，青蛙问蝎子：你怎么……

蝎子说：……

很多人想不通，蝎子为什么要蜇青蛙?

很多人都猜不出，蝎子最后说什么了?

其实，答案是这样的——

青蛙问蝎子：你怎么蜇我啊?

蝎子说：我实在忍不住了。

不要期望蝎子不蜇你，是蝎子它早晚会蜇你，你不可能改变一只蝎子的本性。不是吗?

所以，无论蝎子怎样发誓，都是没有用处的，因为它是一只蝎子。

我们要怎样学会识别蝎子呢？世间也有蝎子一样的人啊。如果你真的被蝎子蜇了，至少你要明白：它是实在忍不住了！

如果是蝎子，哪怕它和你成了朋友，有一天它也会蜇你一下——因为它忍不住。所以，我们要小心选择朋友，慎重与人交往，看清一个人的本质，不要被暂时的表象所迷惑。

他是骗子，有一天会骗你；他是撒谎者，有一天会对你说假话；他是小偷，有一天会拿走你的钱……他们也许不想这样做，可是他们忍不住。

身体里的海盗

任何人都可以变得狠毒，只要你让他尝试过什么叫做贪婪、嫉妒和自私。

在一条船上，有三个人，他们各怀心思。一个叫贪婪的人，想着如何将这条船上的财宝据为己有；一个叫嫉妒的人，想着如何成为这条船上的船长；一个叫自私的人，想着如何除掉那两个同伴。

不过这些终究是他们内心的想法，并没有付诸实施，因为他们都想到了各自的后果。贪婪的人虽然贪婪，胆子却很小，他想，要夺取船上的财宝，免不了要和同伴大动干戈，他害怕自己财宝没夺到，却丢了性命；嫉妒的人虽然有“红眼病”，却也能掂量出自己的轻重，他根本就不是做船长的料儿；自私的人最为狠毒，他设计了很多毒计，但思来想去，总觉得没有一个是最稳妥的，自然，他的计划也一个个地放弃了。

后来，他们遇上了海盗，他们一起跪地求饶。海盗说：“我愿意给你们一个机会，说说不杀你们的理由。谁的理由充分，就放谁生还。”

贪婪说：“我家里还有很多财宝，如果不杀我，我可以领你们去取。”

嫉妒说：“我一辈子都不走运，别人总是比我强，你们可怜可怜这命苦的人吧。”

自私说：“他们两个人说的都是谎话，贪婪的家里有财宝不假，但他是为了把你们引上岸，然后报告警察来抓你们。嫉妒啥都有，却总是不满足，他那么说，是想博得你们的同情。”

海盗拍了拍自私的肩膀：“好，很好，多亏了你，不然差点儿上当。”当即把贪婪和嫉妒推到了海里。

“那么，现在说说你的理由吧。”海盗对自私说。

“我想投奔你们，做一个勇敢的海盗。”

“好，很好。可是你连自己的同伴都能出卖，保不准将来也出卖我们。”说完，海盗们把自私也推到了海里。

贪婪、嫉妒、自私，都是人身体里的海盗。它们会掳走你所有美好的东西，包括生命。

我们的内心都有恶念，我们学习，我们修炼自己，就是要用光驱除心底的黑暗。恶在我们心里，它们会生长，它们会去侵害他人，最后它们也把我们自己吞噬。与恶战斗，必须以善、以勇、以长久的坚持。

贪婪会把自己变得贫穷，嫉妒会使人心灵不安，自私会把所有的人变成敌人。

境界

格调品位的高下

HARVARD FAMILY INSTRUCTION

华盛顿大学的风景

在西雅图的华盛顿大学，曾经发生过这样一件事。学校选择了一处地方，决定修建一座体育馆。消息传出，立即引起教授们的反对。学校很开明，不久便将这项计划取消了。

教授们为什么要抵制这项计划呢？原来，拟建的体育馆位于校园内的华盛顿湖畔。一旦建成，教授们就无法从教职工餐厅欣赏到窗外美丽的湖景了。

学校为什么对教授们的意见答应得这么痛快呢？原来这跟教授们的薪水有关。

与美国大学的平均收入水平相比，华盛顿大学的教授们工资几乎要低20%。很多教授完全有机会到别的学校去任教，他们之所以没有离开，是因为留恋西雅图的美景。西雅图位于北太平洋西岸，华盛顿湖等大大小小的水域星罗棋布，天气晴朗的时候，可以看到美洲最高的雪山——雷尼尔山，开车出去还可以看到一息尚存的圣海伦火山。

为了这美妙的自然环境而牺牲更高的收入，这被华盛顿大学经济系的教授们戏称为“雷尼尔效应”。换句话说，华盛顿大学教授们的工资，80%是用美元支付的，还有20%却是由美丽的风景支付的。

“雷尼尔效应”告诉我们，工作并不是完全为了钞票，有时候还是为了一片风景。

我们工作，我们劳动，为了一片风景；我们欢笑，我们快乐，为了一片风景；我们成长，我们老去，为了一片风景——还有什么样的人生，比这更令人欣慰？还有什么样的人生，比这更加美丽？

舒展灵魂

诗人夏普在一篇文章中讲述了一件他亲身经历的事，或许正是这件小事，给予了他一生诗意的灵感。

那时候，他还是一个小男孩，在一个阳光明媚的春日，父亲带他一起到拉赛尔的铁匠铺去，修理几件农具。

他们将需要修理的耙子和锄头留在那里，自己去集市上闲逛。等他们返回时，耙子和锄头都已经修好了。拉赛尔虽然年迈，但他的手艺依然精湛无比，经他修复的农具几乎和新的一模一样。

夏普的父亲十分满意，爽快地掏出一枚银币递给拉赛尔。

“不用了，”老人说，“这一类小活儿我从不收费。”但这位父亲执意要支付维修费。

“即使我能活一千年，”夏普后来在回忆这件事时，仍然十分感慨地说，“即使再活一千年，我也绝不会忘记老铁匠那句回答，我敢说，那是世界上最触动人心的一句话。”

“年轻人，”老铁匠对他的父亲说，“难道你就不能让一位老人，时不时舒展一下他的灵魂？”

不是为了金钱，不是为了生存，仅仅因为热爱，把一件事变成纯粹的一项娱乐，一种自赏，让灵魂干干净净地在阳光下袒露一刻。

劳动是快乐的，当劳动就是为了快乐的时候。

拥有还是享有

很多人不知道拥有和享有的含义，不知道它们是有差距的。

不少家庭拥有钢琴，但并不享有钢琴，他们的钢琴只是家具，展示品，却不是家中的音乐，不是生活。

不少富人拥有名画，但并不享有名画，他们的名画只是上流社会的会员证，是金钱比赛的奖杯，但却不是艺术，既不感动富人，也没能启发富人——拥有，但无法享有。

有没有倒过来的例子呢？可以享有，但却无法拥有的东西，有没有？有，而且很多。

我们享有空气，却无法拥有空气；我们享有阳光，却无法拥有太阳；我们享有时光，却不能拥有时光……

我们有时候会以为，阳光、空气、水、大地、能源，统统都属于我们，统统归我们所有。于是我们胡乱挥霍，反正不要钱。直到矿被挖完，空气与水被统统弄脏，阳光变得会伤人。

这时，我们才醒觉，这些对于生命来说最重要的东西，并不是我们的，只是让我们暂时使用而已。

我们滥用这些生命所需，因为我们误认为都是我们自己的。我们享有友情、亲情，但没法拥有那个友人、亲人；我们也享有爱，但没办法拥有那个爱人。

就享有吧，享有比拥有更好，那才是生命的光泽，当生命消失时，它们还在闪耀。

这个世界之所以变得如此拥挤，如此匮乏，只因为太多的人喜欢把一切据为己有。每个人都想拥有，每个人都得到很少。如果大家都愿意分享，我们都可以得到全部。

一个太阳就足够了，一个月亮就足够了，可是有的人，还想自己单独再拥有一个。难道没有这样的人吗？

崇高的翅膀

上帝召开一个动物会议，他想了解，他赐给动物们的翅膀，它们是如何使用的。

鹰说：我用翅膀在高空翱翔，我可以俯视一切，所有的猎物都在我的视线之内，因此，我可以悠然自在地生活。

鸵鸟说：我用双腿在荒漠里奔跑，翅膀从没派上过用场，我背在身上，成了负担。

企鹅说：我已把翅膀变作了鳍，它使我和鱼一样，能够在海洋的深处自由来往。

麻雀说：我的翅膀太小，总是飞不远，飞不高，因此，我常常感到烦恼。

上帝突然发现旁边还坐着一个人，便奇怪地问：你没有翅膀，来这儿干啥？

人说：上帝啊，虽然你没有赐予我翅膀，但是你赐给了我一个坚强的灵魂，我的灵魂可以飞翔，它能带着我到达任何脚步不能到达的地方。

我们的身体不得不行走在地上，但是，如果我们的心能够飞起来，一样能够俯瞰整个世界，一样可以自在地遨游。心有多大，世界就是多大；心有多高，天空就是多高。

用科学侍奉上帝

1857 年，维多利亚女王正准备册封一个人为爵士。不过，这个名叫迈克尔·法拉第的人拒绝受封，没给女王仿效先人的机会。一个多世纪前的 1706 年，安妮女王曾册封牛顿为爵士，历史上最伟大的科学家欣然接受的东西，在迈克尔·法拉第这里却一文不值。

同年，英国皇家学会会员推选法拉第为会长，也遭到谢绝。“我父亲是个铁匠，我的兄弟是手艺人，曾几何时，为了读书，我当了书店的学徒。我叫迈克尔·法拉第，将来我的墓碑上，只需刻下这个名字。”法拉第告诉妻子莎拉。

66 岁的法拉第并非已将名利看透，而是名利根本就不是他的追求。除了皇家研究所主席的邀请，他通常回避其他一切交际活动。不过每周日，他总会去教堂，曾经在那里，他与妻子相识相爱。

1860 年，法拉第再次拒绝担任皇家学会会长，他转身去了教堂，当那些崇尚“简单、和平与谦卑”的教友推选他担任教会长老时，他立即接受了。在教堂，与法拉第相伴的多是出身与他一样卑微的人，他时常向他们伸出援手。

有一次，听完演讲的维多利亚女王和皇室成员，在热烈的掌声中等待法拉第返场致谢，却一直不见人影。原来演讲人早已从后门溜走，赶去为一位弥留之际的老太太诵经，陪她走完人生最后的旅程。

1853年，英俄克里米亚战争爆发。英国政府询问法拉第可否制造用于战场的毒气，科学家回答，技术上可以，但本人绝不参与。

尽管一再被拒，英国皇室和政府仍旧在威斯敏斯特教堂的牛顿墓旁，给法拉第预留了墓地。这次，法拉第还是拒绝了。

1867年8月25日，已经失去记忆的法拉第在椅子上安然离世。在他的葬礼上，妻子莎拉宣读了他的遗言："我的一生，是用科学来侍奉我的上帝。"按照他生前的嘱托，法拉第被安葬在一个普通的墓园，墓碑上只刻着他的出生年月和名字——迈克尔·法拉第。

爷爷，你说天使一直在保护着我吗？
是的，孩子。
可是为什么我从来看不见天使呢？
天使长着翅膀，她在你头顶上的天空飞翔。

心里装着信仰，装着梦想，不要装着名利，不要装着欲望，你就会拥有拒绝的力量和胆识，你就不会被别人左右。

云为什么自由？因为云的心中有梦想；风为什么自由，因为风的心中有远方；法拉第为什么自由，因为他的心中有上帝。

绅士们

一位父亲带着5岁的儿子到法国度假。在一个大雨滂沱的晚上，他驾车赶到郊区。在一个弯道上，他撞上了一棵树，然后滑向一侧，车子被迫停下。车祸并不严重，儿子甚至依然在熟睡中。只是，他俩就这样被困在了大雨的夜里。

不久，一辆小轿车缓缓驶了过去。父亲还没来得及向他们招手，小轿车就自动倒车回来。从车上走下来两位身穿黑色燕尾服、打着领结的法国人，随后出来一位身穿晚礼服的金发女郎，手里举着伞。他们表示要帮助这位外国父亲，想办法把车弄回正途上来，但这起码需要四五个男性劳力才行。

于是，一个法国人开始打手机，不一会儿，又一辆小车开了过来。车上下来两位男性，依然是庄重的燕尾服打扮，随后下车的也是一位女郎，她为前面两位男士撑着一把伞。四位法国男士嘱咐身边的两位女士回到各自的车上，让她们把伞也带回去，以免雨水淋湿她们的长发。

就这样，四个衣冠楚楚，打着领结、别着袖口针的法国绅士，和这位素昧平生的父亲一道来到小车旁边，各就各位。不一会儿工夫，所有人的头发和衣服尽湿，原来保养得鲜亮的四双黑色皮鞋都陷在淤泥里。

在大家一起使劲推车之前，一位法国绅士突然低声对大家说："嘘，我们尽量轻一点。当心，别吵醒那孩子。看他还在沉睡着呢！"

爱是生活的最高境界。拥有爱的人尊贵，付出爱的人崇高，享受爱的人快乐。

爱让世界变得宁静，让梦变得酣甜。

瞬间也要美丽

8月，阿根廷的布宜诺斯艾利斯还是稍显寒冷，玛莉娜推开围栏的木门，拉了拉围巾，随手把一袋垃圾放进了左边的垃圾桶里。她看见，右边的垃圾桶旁，正蹲着一个拾荒的女孩子。在帕雷尔摩富人区，这种场景司空见惯，在往日，忙碌的马莉娜不会让目光为此停顿哪怕一秒钟。

今天，她不由自主地放慢了脚步，因为眼前的孩子正在把翻过的垃圾又一点点放回垃圾桶。她收拾得那么仔细、耐心，而且做这一切时，满脸庄严，仿佛面前不是一堆垃圾，而是一棵圣诞树，她正在摘取属于她的礼物。

“喂，孩子，别人可都是翻完垃圾就走的，你为什么还要收拾那些脏东西？只要过一小会儿，清洁工就会来了。”玛莉娜问了一句。

“这块草坪多漂亮啊，毕竟清洁工还要等一会儿才来，即使是一会儿的时间也要让这里尽可能美丽，不好吗？”孩子边收拾着垃圾边说。

这个拾荒孩子的话让玛莉娜很意外。她默默地站在那里，看着孩子的背影，她甚至有些感动。许久，孩子突然意识到和她说话的人并没有离去，赶紧站起来转过头。

那一瞬间，玛莉娜惊呆了，面前的这个孩子衣服虽然很旧但很整洁，面容黝黑但很干净，而她姣好的身材和脸型是玛莉娜很少见到的。

“你愿意当模特吗？”玛莉娜脱口而出。玛莉娜·冈萨雷斯——世界著名项链设计师，她知道什么样的苗子能成为一流的模特。

3年后，这个叫妲妮拉的拾荒女孩，接连击败1000多名竞争对手，夺得全球最大模特经纪公司——Elite举办的“世界精英模特大赛”阿根廷赛区选拔赛的桂冠。

从丑小鸭到白天鹅，从垃圾堆到T台，记者问玛莉娜靠什么发现了妲妮拉的潜质，玛莉娜笑着说：“懂得瞬间也要美丽的人，一生都会注定美丽。”

垃圾桶可能很肮脏，但草地可以很干净；手可能很肮脏，但心可以很干净；生活可能很肮脏，但人可以很干净。

珍爱我们所有的一切，让每一寸光阴都变得美丽。

关注天空的人

秋天的一个晚上，古希腊哲学家泰勒斯见天空晴朗，便到野外观察星星。他一边仰头看着星星，一边漫不经心地走着。不料前面有个深坑，一脚踏空，人便像石头一样掉了进去。等他明白过来时，身体已经泡在了水里，他只好高呼求救。

当过路的人把他救出水坑时，泰勒斯抚摸着摔痛的身体对那人说："告诉你们，明天会下雨"。围观的人笑着摇摇头走了，将泰勒斯的预言当做笑话讲给别人听。

第二天果真下了雨，有的人却不以为然。他们说：泰勒斯知道天上的事，却看不见脚下的东西。还有人说，泰勒斯既然很聪明，为什么发不了财，却整天研究些无用的东西？

为了回击这些人的嘲笑，泰勒斯运用自己的气象知识，预言第二年橄榄将大丰收。于是他买下了当地全部的榨油机。第二年，橄榄果然丰收，泰勒斯因此而一夜暴富。泰勒斯向世人证明，如果他将心思用到赚钱上，将比其他任何人都赚得更多，他只不过不愿意这么做而已。

2000年后，德国科学家黑格尔听到了泰勒斯的故事，想了想说："一个民族拥有那些关注天空的人，这个民族才有希望。如果一个民族只是关心脚下的事情，这个民族将没有未来。"

仰望天空，忘掉小我，摈弃烦琐之杂念；仰望天空，养浩然之气，抱揽万物于胸怀。

人既要脚踏实地做好眼前事，也要胸怀大志，展望遥远的未来。

关注脚下的路，可以走得更远；仰望头上的天空，就能走得正确。

有时候，方向比距离更重要。

一个园丁的追求

在英国，有位74岁的老人，默默无闻地做了一辈子园丁，本以为，自己的一生就这样平静地过下去。但有一天，他买的彩票竟然中了2500万英镑的大奖！

惊喜，是自然的。面对电视记者，老人拉着他的妻子，握起拳头，笑得阳光灿烂，做一个振臂状。人们的好奇，也是自然的。这个老人，会拿这些钱做什么？当有人这样问他时，老头的回答，很是出人意料，同时，他也因这个回答，一下子成了媒体红人。

他是这样说的："我要用一部分钱来雇一个胡萝卜专家，学习种胡萝卜！"他因此被评为"最敬业的园丁"。

原来，他一直想在菜园子里种胡萝卜，但多年来，怎么都种不成功，这成了他的一块心病。现在突然有钱了，他要实现这个梦：聘请专家，种一地的胡萝卜！

这个老头，名叫布莱恩，白西装，白头发，长得很绅士，志得意满，左手拉着老伴，右肩扛着四个齿的耙子，这是他劳作时的工具。他和妻子都在笑，是那种热情、昂扬、富有感染力的笑，笑得很张扬，很高调！

人们肯定都羡慕他，不仅仅羡慕他中了大奖，更羡慕的是：他那么热爱自己的工作。钱多了不一定快乐，但热爱自己工作的人，却一定是快乐的。

但是，有几个人热爱自己的工作？是医生的，说医生不好；

是教师的，说教师不好；是律师的，说律师不好；作家说作家不好，商人说商人不好……世上好像没有好职业，一旦我们不再需要为生活奔波时，工作似乎都可以弃之如敝履。

但布莱恩热爱工作，当他中了大奖，不再需要以“园丁”谋生时，他依然想种一地的胡萝卜，这是布莱恩的向往，也是他最朴素的快乐。

有一天，园丁在一本书上浇了一些水，然后，在书页的中央，就长出了一朵小花，但是，没有人知道这朵花的名字。或许叫……

金钱最能展示一个人的境界，很多人有钱之后就面目全非，奢侈、张扬、放纵、傲慢……从前的好品性荡然无存。看看这个名叫布莱恩的老人吧，千万巨奖一点儿没有改变他，他只想学会一门技术，在自己的园子里种一地胡萝卜。

内心坚定而从容的人，什么样的处境都不会动摇本性。

沙漠落日

三个人乘坐一辆小面包车穿越撒哈拉沙漠的时候，看到一个人在一座山顶上，对着沙漠里的落日一动不动地站着。

“那一定是个牧羊人，他丢失了一只羊，正在设法找到它。”第一个人说。

“不，我认为他不是在找东西，特别是在日落时分，这个时候会让你的视力模糊的。我想他是在等候朋友。”第二个人提出自己的看法。

“我打赌，他是一位在寻找启迪的圣人。”第三个人发表意见说。

他们开始争论起来，那个人究竟是在干什么？争论非常激烈，差点儿就要互相打起来了。最后，为了确定谁说得对，他们决定爬上山去问那个人。

“你是在寻找你的羊群吗?”第一个人问。

“不，我没有羊群。”

“那么你一定是在等人。”第二个人说。

“我是个孤独的人，生活在沙漠之中。”

“既然你生活在沙漠中，又是隐居，那么我相信，你是一位在寻找上帝的圣人，你现在是在静思!”第三个人断言说，并对自己的这个结论感到很满意。

“难道世上每件事都要有一个解释吗？好，我来解释吧：我只是在这里看落日，眼前的落日。就是这样。”

生活应该像一幅画，留下一些空白，让人能浮想联翩；生活也应该像一首诗，留下一句半句不说，给人一种回味；生活里总得有一些像树影像云彩那样的东西存在，让我们感到空旷自如。不要让每时每刻都充满目的和计划，给心放一会儿假，多好!

垃圾车法则

空中充满尘埃，我们用手将它们拂去；生活里充满尘埃，我们用微笑将它们拂去；友情落上了尘埃，我们用宽容将它们拂去；生命里撒上了尘埃，我们用爱将它们拂去。

如果人被垃圾左右，他自己离垃圾也不远了。

生活有10%是靠你创造，而有90%是看你如何去对待。

一天，乔治跳进一辆出租车，出发去机场。出租车正在它该行驶的车道上前进，突然，一辆黑色的小汽车从前方的一个停车位上冲了出来。只见出租车司机猛地踩下刹车，车子侧滑，和另一辆车擦身而过。可那辆黑色小汽车的司机却立马扭头，冲着出租车大喊大叫。出租车司机只是笑了笑，向那个家伙挥了挥手——非常友好地挥手。

乔治有些不解地问他：“你刚才为什么会那样做呢？那个家伙差点儿撞坏你的车，把我们送进医院！”司机讲了一段话，就是在那个时候，乔治懂得了一个道理，后来他称之为“垃圾车法则”。

司机解释说，许多人就像垃圾车，他们装载着垃圾——挫折感、愤怒与失望——四处奔跑。当他们的垃圾堆积到一定程度后，他们需要一个地方倾卸。有时候，他们会把垃圾倾卸到你身上，这时，不要把它们接过来，你只需笑一笑，挥挥手，祝他们好运，然后继续向前。

千万别接受那些垃圾，更不能把它们散布给你的同事、家人或是路人。

简单地说，成功之人不会让垃圾车主导他们的生活。生命太短暂，不容你早上带着遗憾醒来，所以，学会去爱善待你的人，并为没有善待你的人祈祷。

爱因斯坦的遗嘱

1955年4月18日，爱因斯坦病逝。临终前，他很慎重地留下了遗嘱。他在遗嘱中说："我死后，除护送遗体去火葬场的少数几位最亲近的朋友之外，一概不要打扰。不要墓地，不立碑，不举行宗教仪式，也不举行任何官方仪式。骨灰撒在空中，和人类、宇宙融为一体。切不可把我居住的梅塞街112号变成人们'朝圣'的纪念馆。我在高等研究院里的办公室，要让给别人使用。除了我的科学理想和社会理想不死之外，我的一切都将随我死去。"

这是爱因斯坦在最后时刻留给世人的嘱咐。遵照他的嘱咐，丧事在没有惊动任何人的情况下，按平民方式悄悄进行。火化时只有儿子、妻子和遗嘱执行人纳坦、爱因斯坦最忠实的合作者杜卡斯等12人在场。小教堂里一片寂静，没有奏乐，没有公共集会，免除所有宗教仪式，免除所有花卉布置及所有音乐典礼。

爱因斯坦是现代世界科学发展史上一位里程碑式的巨人。早在1931年，他就被法国物理学家朗之万推崇为"在我们这一时代的物理学史中，位于最前列"、"现在是，将来也仍然是人类宇宙中有头等光辉的一颗巨星"、"也许比牛顿更伟大"的科学巨人。他的后事居然用这样低调的方式来处理，无疑是他留给后人的一件特殊的礼物，也是一笔极宝贵的精神财富。

爱因斯坦的遗嘱是名人遗嘱中最短小、最平实的一份。令人感动和敬佩的是，在这样一份表示一生终结的文件中，竟没有一个字讲到自己的成就和贡献，也没有对后人提出任何苛责和要求，相反，对他人和社会各界，他却给予了周到的体谅。

在这份遗嘱中，爱因斯坦唯一引为骄傲和自豪的是："科学理想和社会理想不死。"什么是爱因斯坦的科学和社会理想呢？他在《我的世界观》中写道："每个人都有某种理想，这种理想决定着他努力和判断的方向。在这个意义上，我从来不把安逸和享乐看做生活目的本身。照亮我的道路，并且不断给我新的勇气去愉快地正视生活的理想，是善，是美，是真。"

爱因斯坦的遗嘱就像他本人一样，是一本深藏智慧和玄机的大书，是一面可以明辨是非真假的镜子。有了这面镜子，我们就不会迷恋安逸和享乐，就能不断拥有新的勇气去正视生活，去创造和追求真善美。这就是爱因斯坦遗嘱给我们的启迪。

能忘掉自己的人，才不会被别人忘掉。

总统们的故事

克林顿担任总统期间，有一天到一家医院视察。一个小男孩使劲挤到他跟前，呆呆地看着他什么也不说。克林顿弯下腰来问："你有什么事吗?"小孩挠了挠头，说："我想得到总统先生的签名，您能满足我的要求吗?"

克林顿很高兴地答应了。不料孩子突然又说："总统先生，可以给我签 4 张吗?"克林顿不明白，问他："为什么要那么多?"孩子说："我只想要一张您的签名，再用另外 3 张去换迈克尔·乔丹的签名照。"克林顿愣了一下，笑着说："完全可以。但我有个侄子，也喜欢迈克尔·乔丹，我给你签 7 张，请你替我的侄子也换一张迈克尔·乔丹的签名照，可以吗?"

托马斯·威尔逊曾任大学教授和校长、新泽西州州长，后任美国总统。有一次，他到一个社区演讲，正讲得兴致盎然的时候，"啪"的一声，一个鸡蛋飞到他的脸上。肇事者是一个 10 岁的男孩，威尔逊抹净脸上的蛋液，温和地问他："请告诉我，为什么要这样做?"孩子胆怯地说："对不起，我只想试一下，我扔得准不准。"

威尔逊抬起头来对听众说："这位小朋友扔鸡蛋很准。作为总统，为国家发现人才和准备人才是我的职责。我建议，这个孩子所在学校的体育老师要注意培养他，说不定他会成为很好的球类运动员。"后来，这个孩子真的成了出色的棒球选手。

约翰·亚当斯是美国历史上的第二位总统。就在他接替华盛顿就任总统时，美国正面临着与法国关系破裂的危险。到了1797年底，两国关系剑拔弩张，一触即发。

常识告诉亚当斯，要打胜仗，必须要有得力的统帅。很多人劝他亲自指挥军队，但他认为自己并不具有军事上的特别才能。思来想去，他认为华盛顿才是唯一能够唤起美国军魂、团结全美人民的统帅。所以，他决定请华盛顿担当大陆军总司令。

亚当斯的支持者们一致表示反对，他们认为，如果华盛顿复出，会再次唤起人民对他的崇敬和留恋，这样势必对亚当斯的威望和地位造成威胁。但亚当斯毫不动摇，他说："难道我的地位和声望比国家的利益和命运更为重要吗?"

孩子的品性，就是父母的品性。如果我们对孩子怀有某种期待，最好首先对自己也这样要求。

能装得下一个孩子的心，才能够装得下一个国家。只装得下自己的心，肯定连一颗沙粒都不能包容。

地上的一枚硬币

一个孩子看到一枚闪亮的硬币躺在路边。他把硬币拾起来，紧紧握在手里，心里充满自豪和兴奋："这枚硬币是我的了！而我什么代价也不用付出！"

从此，这个孩子无论走到哪里，总是喜欢低着头，眼睛盯着地面，希望发现更多的珍宝。结果，他真的捡到了302枚一分硬币，24枚5分硬币，41枚一角硬币，8枚2角硬币，3枚5角硬币和一张破损的1元纸币——这是他用一生的时间获得的意外财富。

捡到这些钱，虽然他什么代价也没付出，却为此错过了许多人间美景：无数次壮丽的日出日落，无数次绚烂的雨后彩虹；一片片在秋风中摇曳的红叶，明媚的阳光下在草地上蹒跚学步的儿童；碧蓝的天空飘过的白云，还有擦肩而过的陌生人友好的微笑……

太多的人和这个无知的孩子一样，一生都低着头顾盼那些微不足道的东西，为了几个硬币，却错过了无数更有价值的珍宝。

不要因为一株小草而错过一片原野，不要因为一滴水而错过一条河流，不要因为一个渺小的期盼而错过一生伟大的梦想。

人生如果是十分

人生如果是十分，你渴望如何度过？ 三分是未来遥不可及的梦想，三分是眼前纷繁复杂的现实，三分是自己无所畏惧的追求，剩下一分就留给偶尔的忐忑不安、颓废安逸或怠慢逃避。

金钱如果是十分，你渴望如何支出？ 三分祝福那些深刻影响过你的人，三分感谢那些视你如宝的人，三分奖励给自己多年来养成的习惯、品格和爱好， 剩下一分留给不经意的铺张浪费、糊涂斗志或遗忘失窃。

事业如果是十分，你渴望如何理解？ 三分是少年时认知的烙印，三分是青年时经验的投影，三分是中年时积蓄的馈赠，剩下一分留到晚年，对生命重新关照和了悟。

爱情如果是十分，你渴望如何收藏？三分是望穿秋水的等待， 三分是痛不欲生的误会，三分是心心相印的珍惜，剩下一分是偶尔的心猿意马和诗意的浪漫。

家庭如果是十分，你渴望如何拥有？三分是父母的宽容，三分是爱人的贤淑，三分是孩子的热闹，剩下一分是自己内心秘而不宣的甜蜜。

人生的十分都好，然而，因为那最后留下的一分，让生活显得更加可爱，更加有趣。

不生气的秘诀

古时候，有个叫爱地巴的人，他一生气就跑回家，绕自己的房子和土地跑三圈。有人问他这里有什么秘密，爱地巴说："我一边跑就一边想，自己的房子这么小，土地这么少，哪有时间和精力去跟人家生气呢？一想到这里，我的气就消了，气一消，我就有更多的时间和精力去干活了。"

到了晚年，爱地巴的房子越来越大，土地也越来越多，可是他生起气来，还是绕着自己的房子和土地绕圈跑。有一回，他拄着拐杖一直跑到太阳下山了，还要坚持。他的孙子问他："爷爷，你年纪这么大了，已经这么有钱了，为什么还要这样呢？"

爱地巴笑了，说："爷爷刚才一边跑一边就在想：我的房子这么大了，土地这么多了，我又何必再去跟人家计较呢？一想到这里，我的气就没了。"

每天都有生气的理由，但是，每天都有更多不生气的理由。如果你有 10 个理由生气，我相信，一定有 11 个理由不生气。为一个不生气的理由，我们就应该快乐地生活。

大器晚成

一把小提琴看起来简单，但是，它的制作流程非常复杂。

制作小提琴，木料的选择是关键。匠人们在选择木料时，非常在意树木年轮的多少。在他们看来，每棵历经岁月洗礼的大树中，都藏着一个精灵，而这个精灵，正是一把提琴的灵魂。

选准木料之后，要将木料在阳光下风干两年，使其含水率低于10%。风干的木料被切割成木板之后，再放入一个终年不见阳光的房间，好像大师的闭关修炼，根除杂念，凝聚精魄。

这段静默岁月要持续4～5年，经过长时间的韬光养晦，本来混沌的木板逐渐有了灵异之气，凝聚在木头中的精魄变得纯净而空灵。万籁俱寂中，那些曾经在大自然中吐纳的自然之气，在岁月里收藏的百鸟之声，沙漏一样从木头中渗透出来。

经过了这样的筛选、风干、静默之后，老练的琴匠便可以慢慢用双手和工具将其打磨成型，逐渐将一块普通的木板，变成旋律一样身形流畅的小提琴。

一把琴可以经过这样的历练，一个人能不能经受？我们是否舍得放弃纷繁红尘中的热闹？舍得放下一切名与利的诱惑？舍得让自己的身影逐渐消失在岁月的背后？是否能面对漫长的寂寞和孤单？

这样的人，注定是不多的，他的内心，时刻都有灵魂的清越之声在激荡，这是命运赐予追梦人最崇高的享受。而这样的清越之声，有的人一辈子都无从知晓。

雄鹰不会一飞冲天，苍松不会一个早晨就高耸入云。成长是一种等待，在静默中积累，在忍耐中磨砺。就像那一把小提琴，只有经受了无数的历练，才能发出激越的音响。它不再是一块木板，而是一把琴。

好孩子，慢着养。可以急于求成的，不是养人，是养狗、养猫。

至诚

重诺不悖的信义

HARVARD FAMILY INSTRUCTION

真诚的奉献

圣母抱着圣子耶稣要降临人间，参观一座修道院。所有的神父都深感自豪，他们排成一个长队，逐个向圣母表示敬意。

一位神父朗诵了动听的赞美诗，另一位展示了他为《圣经》所绘制的彩画，第三位讲了所有圣徒的名字。就这样，神父们一个接着一个地来到圣母和圣子面前。

排在队伍最后的人，是该修道院最贫穷的一位神父，他没有读过那个时代的经典著作，也没有令人敬佩的学识。他的父母都是普通的人，在附近的一个马戏团工作，他们教给他的技艺，无非就是向空中抛球之类的杂要。

轮到他来到圣母跟前的时候，其他神父便想结束这场活动，因为这位老杂要艺人没有任何要事可讲，可能还会损坏修道院的形象。但是在这位老神父的内心深处，同样也有把自己的某种东西献给耶稣和圣母的强烈渴望。

他有些羞愧，因为他感到了同伴们责备的目光。他从口袋里掏出几个橙子，开始把它们抛向空中。他玩起了杂要，这是他唯一会做的事情。

恰恰在这个时候，圣子耶稣笑了，并开始在圣母的怀里鼓起掌来。于是，圣母将胳膊伸向老神父，让他摸了一下圣子。

用真诚做的礼物，无论它多么微小，多么平凡，都能打动人心。

诚心不需要装点，不需要粉饰，诚心本来就很贵重。

谎言的代价

戴维博士是军校的教官，他有一个学生名叫威廉，很有礼貌，也很聪明。一年前威廉选学戴维博士的逻辑教程，可是上了几节就不来了。后来威廉对戴维博士说，他爸爸去世了，所以缺了很多课，希望教官谅解他。

此后威廉依然经常缺课，一直缺到期末考试。他请求教官不要给他不及格，最好给他一个“课目未结业”。威廉说，他的部队马上就要到前线打仗了，因为他是现役军人。戴维博士听威廉这样说，就立刻同意了。

这天，戴维博士突然接到军人驻校办公室的电话，对方问他：“为什么威廉一年前的课到现在还没有结业？”戴维博士说：“威廉到前线去啦。”那边立刻提高了嗓门：“他到什么前线？他撒谎！在他读书期间，部队是不会送他去前线的。”戴维博士一听很生气，立刻给了威廉一个不及格，然后送到成绩部去了。

没想到，部队三番五次打电话来，要戴维起诉威廉“学术欺骗”。博士一听就头痛，他想：我是教官，只管给学生成绩，学生的德行由他们自己负责，我没理由起诉一个学生。

一天，戴维博士下课回来，办公室门口站着一个表情严肃的军人。他说：“戴维博士，我是团长詹姆士，我得找你谈谈。”教官的第一个反应就是：“我做错了什么事？”团长詹姆士开门见山：“我们要把威廉送上军事法庭，因为他撒谎。”

戴维博士一听事情这么严重，就说：“我已经给威廉不及格了，他已经得到了惩罚……”詹姆士打断了他的话：“博士，我请你认真想一想，如果你不起诉，他就可以从这所大学毕业。他毕业后，就可以当排长，42个青年的生命就要掌握在他手里。您能放心把42个孩子的生命交给一个不诚实的人吗？”

过了几个月，戴维博士在校园碰见了威廉，他问：“你有没有被送到军事法庭？”威廉说：“没有上军事法庭，不过我自己要求退役了。”戴维很吃惊，问：“为什么？”威廉惭愧地说：“因为我撒谎，上级要我主动退役。”

威廉不再是军人，也不再是学生，42个青年的生命因此而安全了。

一个撒谎的人，可以危害一个民族；一个撒谎的民族，可以危害整个世界。

一个谎言能让一朵花变成一株草，能让一块石头变成一块金子，能让荒谬变成真理。

制止谎言，摧毁谎言，不是为少数人负责，而是为全人类负责。

我一定会感谢你

这是一场很特别的演奏会。没有舞台，没有灯光，没有鲜花，没有主持人，只有一位小提琴手和一名听众，另外，还有上百名好奇的围观者。这里是美国旧金山国际机场的出租车等候区，这场音乐会持续了30分钟。

或许有人会问，这个小提琴手是谁？他怎么会在这里演奏？为什么只给一个人演奏？

这场音乐会不同以往，演奏者是曾获得格莱美“交响乐团最佳独奏家”大奖的菲利普·昆特先生。而唯一的听众，是一位名叫哈利勒的出租车司机。

几天前，一把价值400万美元的小提琴，被昆特先生遗忘在哈利勒的出租车上。这把琴，是由意大利制琴师安东尼奥·斯特拉迪瓦里于1723年制作的。斯特拉迪瓦里被誉为历史上最著名的制琴师之一，一生共制作了1000多件弦乐器，留存至今的只有600多件。

当这把有着非凡意义的琴由哈利勒送还到主人手里时，菲利普·昆特情不自禁地双膝跪倒，泪流满面。他对57岁的埃及移民、开了24年出租车的哈利勒说：“我一定会感谢你。”

哈利勒没想到，昆特回馈给他一场如此特别的音乐会。演出结束，四周掌声响起，为了美妙的音乐，也为了那一颗真诚的心。

“我一定会感谢你”——他真的感谢了。他用一种独特的方式，以一种庄严而崇敬的方式，兑现了自己的承诺。

这场别开生面的音乐会，既是对拾金不昧的出租车司机的褒奖，也是对一诺千金的音乐家本人的颂扬。

普利策的记事本

普利策是美国著名的报业大王，也是有“新闻界奥斯卡”之称的“普利策奖”创始人。作为一名来自匈牙利的移民，普利策进入报业后，只用了短短十余年时间，就由一名普通记者成为美国的报业巨子，他的传奇经历引起了许多人的关注。

1921 年，就在普利策逝世 10 周年之际，有人发现了他生前留下的十几本工作日志。这些日志记载了他大量的日常工作琐事，大多只是一句话而已，诸如：“今天总编告诉我不要在一篇稿子中反复使用‘了’字，那样太沉闷”，“今天我让马修先生下午 3 点准时来办公室洽谈印刷事宜”，等等。

普利策的这些记事内容，基本以 1878 年为界，此前大多是记录别人对他讲过什么话，那些句子的主语都是他人；以后记录的主要是自己对别人讲过什么，主语都成了“我”。查阅资料后人们发现，正是 1878 年，31 岁的普利策买下圣路易斯的一家老报《圣路易斯快报》，终于有了一份属于自己的报纸。

研究者由此得出结论：身为普通员工时，普利策一直记着别人的话，那时他懂得谦虚，总是提醒自己照办；成为老板后，他记下自己的话，提醒自己要遵守诺言。这个结论一经公布，得到了广泛认同，至今，在美国一些大学的新闻课中，教授们仍会把这个故事作为报业秘籍传授给学员。

成功者总是在看不见的地方成功。所谓的人生秘诀，其实就藏在每一天的平凡生活中。尊重他人，首先为别人着想，用这种心态所做的事一定不会错。

谁也不知道这个结论是否准确，但有一点可以肯定，创业时谦逊守信，成功后一诺千金，这样的人更容易成就大业。

一只狗的惩罚

在一家知名的国际机场，负责地勤工作的主管接到飞机始发地传来的一份电报，声称有一位贵宾乘客托运了一只宠物狗。那只狗是这位乘客的心爱之物，它将随主人在此地转机回澳洲。

电报特别提醒他们，务必认真照看，不得遗失。看完电报，地勤主管丝毫不敢怠慢，马上召集部门成员开会，要他们谨慎对待这项任务。他不仅安排了专人负责接机，还派人去买来了高级狗食。

万事俱备，可是，负责接机的职员却回来报告，那只名贵的狗已经接到，不幸的是，它已经死了。

怎么办？赶快采取措施！大家七嘴八舌献计献策，最终取得的一致方案是——悄悄去买一只外貌相似的宠物狗。主管不得不重新分配任务，有人负责筹钱，有人马上打电话询问宠物店，有人负责处理宠物尸体……幸好，转机时间长达5小时，他们有足够的时间来料理这件事。

谢天谢地，他们还真的找到一只很相似的狗，花色和外形几乎没有差别，只是尾巴稍稍短了一些。大家都暗暗祈祷，狗的主人千万不要察觉这小小的不同啊。等他们一切准备就绪，飞机刚好起飞，大家长长舒了一口气。

意想不到的是，次日，机场办公室收到了一份投诉电报，投诉人就是那位贵宾乘客。大家全懵了，主管立刻打国际长途到澳洲办事处询问，结果令人啼笑皆非——原来客人托运转机的就是一只死去的狗，主人因为太喜爱它，不忍心把它的遗体留在异国，才特意送它回澳洲老家。

不惜重金买了一只不相干的狗，却把主人真正心爱的宠物草草处理掉了。原来我们一直追求的所谓尽善尽美，并非总是恰如其分。真诚才是永恒的法则！

谎言无论怎样伪装，最后总会露出一截讨厌的尾巴。

这是一个近乎荒诞的故事，而导致这种荒诞发生的原因，就是缺乏诚实。

也许初衷是一个善意，但是这种看起来似乎是善意的举动背后，藏着的却是欺骗。

在生活交往中，什么谋略都没有诚实缜密，什么技巧都没有诚实高超。

最公平的交易

在英国的一个村庄里，面包师每天从农夫那里购买黄油，农夫每天从面包师那里购买面包。

面包师是一位非常细心的人，每次买回黄油以后，都要亲自称量一下。一开始，他觉得黄油的分量还是比较充足的，可是他渐渐发现，每次的黄油都短斤少两，而且分量越来越少。

这件事长时间折磨着面包师。有一天，他委婉地向农夫提出了这个问题。谁知道农夫一听，指天发誓说，自己绝对不会做骗人的事情。两个人话不投机，最后居然闹翻了。面包师一不做二不休，将农夫告上法庭。

审理案件的时候，法官先向农夫提问："你每次卖给面包师的黄油都称准分量了吗?"

"当然是的，"农夫说，"我有一架精准的天平。"

"天平？有核准的砝码吗?"法官问。

"不，我不需要砝码，但保证准确。"农夫回答说。

"那么，你凭什么说，能够称得准确呢?"法官很奇怪。

"这太好办了，"农夫说，"我每次卖给面包师黄油时，就用从他那里买来的面包做砝码，他告诉我面包是多少，我卖给他的黄油就是多少。如果说这个砝码不准，那就不是我的过错了。"农夫说完，法官立即明白了，当众判他无罪。倒霉的面包师，只好承担了全部的诉讼费用。

这位农夫的法则，就是天地的法则，就是上帝的法则。你用什么态度对待世界，世界就用什么态度对待你。你给予世界多少，世界就回馈你多少。如果你认为生活亏待了你，那你一定在某个方面亏待了生活。

我必须回去一趟

玛瑞拉先生每天都由秘书开车送他去阿纳海姆镇的公司上班。有一次，由于头天晚上跟一个老朋友多喝了几杯酒，第二天早晨，当秘书将车子停在楼下时他才起床，于是，玛瑞拉先生匆匆地洗漱完提着公文包就出了门。那天他的儿子也正好要去阿纳海姆镇办点儿事，便决定坐父亲的顺路车。

当车子开到半路的时候，玛瑞拉先生突然一拍脑袋说："糟糕，我忘了一件事，我必须回去一趟。"秘书问他："是忘了什么东西吗？"玛瑞拉先生说："不是，比什么东西都重要。我必须回去一趟。"秘书将车停下，有点儿为难地说："可是，今天还有一份重要的合同等着您签呢，如果迟了的话……"

儿子见父亲一脸焦急的样子，便说："您究竟丢下了什么？还是我替您回去一趟吧。"父亲的神色变得异常凝重，十分坚定地说："不，不行！"他转而对秘书说，"快，将车子调头，送我回去。"

车子刚刚停稳，玛瑞拉先生就急匆匆跳了下去。他的儿子奇怪地发现，母亲此时正神情忧郁地站在家门口。当父亲匆匆跑过去时，母亲突然像个孩子一样哭了起来。玛瑞拉先生轻轻捧起妻子的脸，然后轻轻在她的额头上吻了一下说："亲爱的，对不起，由于走得匆忙……"妻子用手捂住丈夫的嘴说："亲爱的，我知道，你肯定会回来。20多年了，你每天早晨都要吻了我再走的，从来没有忘记过……"

玛瑞拉先生在儿子和秘书的目光中吻别妻子，然后返身钻进汽车，朝秘书挥了挥手，示意他出发。路上，儿子不解地问父亲："难道就不能等到晚上？晚上不是还要回家吗？"秘书也不失时机地说："如果再晚一些的话，我真担心那份合同签不成了。"玛瑞拉先生此时的眉头舒展了，但目光里依然透着坚定地对儿子说："对于我们来说，确实是这样；但对你母亲则不同，从现在到晚上这段时间里，她会一直为我担心。我知道，跟我签合同的公司还有很多，但我的妻子却只有一个。"

儿子愣在那里不知道再说什么，他突然感觉到，自己被一种浓浓的情感包围了，20 多年来，他像是第一次认识自己的父亲和母亲。

美好的人生，其实就是一个漫长的承诺。

和敌人的约定

公元前2世纪，罗马和迦太基之间正在进行“布匿战争”。在激烈的战斗中，罗马的莱奎勒斯将军被迦太基军抓获，成了俘虏。迦太基军原本要杀死莱奎勒斯将军，可是随着战斗的进行，他们逐渐处于劣势，于是决定利用莱奎勒斯将军和罗马谈判。

他们对莱奎勒斯说：“将军，我们准备和罗马休战，现在我们放您回去，但如果罗马军不答应休战，将军还必须回来。”

莱奎勒斯陷入沉思之中，究竟应该为了生存回到罗马军中，还是应该为了捍卫荣誉而选择死亡？在自己临死之前，应该为国家做点儿事情，于是他答应了迦太基军的要求。

回到罗马的将军，受到了皇帝的热烈欢迎，但他还是把自己回罗马的前因后果告诉了皇帝：“我答应了迦太基军让我说服您休战的要求，才回到罗马。但我想，您不应该此时休战，现在迦太基非常混乱，只要我们坚持一段时间，他们肯定会不攻自破的。”

将军把关于迦太基军的所有情报都告诉了罗马皇帝，然后准备回到迦太基人那里去。很多人都劝他不要再回去，但将军毅然决然地说：“如果我不回去，他们会嘲笑罗马人都是骗子。虽然这是和敌人的约定，但我也必须遵守。”

这场战争以迦太基惨败为结局，罗马大获全胜。在人们庆祝胜利的时候，莱奎勒斯的美名也被广泛传扬。

天地有诚信，所以，春来时花开，秋至时果熟；因为天地有诚信，天寒时，雁南飞，天暖时，雁北回；因为天地有诚信，所以，四季有序，条理不紊，生命昌盛，绵延不绝。

倘若天地如人，朝三暮四，出尔反尔，这个世界会是什么样子呢？

对敌人失信，不是对敌人的伤害，是对自己的伤害，是对美德的伤害。

王的承诺

霍尔莫是波斯帝国一位年轻王子。在阿拉伯帝国的倭马亚王远征波斯时，霍尔莫在鏖战中被俘。

军士们把他押解到倭马亚王面前，国王下令立即斩首。这时，太子霍尔莫请求说："噢，主宰一切的陛下，我现在口渴难受，让你的俘虏喝足了水，再处死也不迟啊。"

倭马亚王点点头，示意左右给太子端过一碗水。太子接过这碗水，刚送到嘴边，竟不敢喝下去，用惊恐的眼神环顾四周。

"你怎么不喝呀！"一个阿拉伯士兵粗暴地呵斥他说。

"我曾有所耳闻"，太子双眼紧盯着阿拉伯士兵说，"你们这些人凶残阴险，我担心，正当我品味这碗沁人心脾的清水时，会有人杀死我！"

"放心吧，"倭马亚王宽宏大度地一挥手说，"谁也不可能伤害你！"

"既然无人伤害我，"王子对国王说，"那么，请陛下给我一个保证。"

"我以真主的名义发誓，"倭马亚王庄重地说道，"在你没喝这碗水之前，没有人敢动你一根毫毛。"

听了国王的话，霍尔莫毫无迟疑地将这碗水泼到地上。

"狂妄！将他拉出去斩首！"倭马亚王厉声喝道。

王子霍尔莫平心静气地问国王："陛下，刚才你庄严地向真主发过誓，不是要保证我不受伤害吗？"

“我只是保证，在你没喝那碗水之前，谁也不会伤害你的！”倭马亚王解释说。

“陛下所言甚是，”王子说，“可我并没喝下这碗水，并且也喝不到这碗水了，因为它已滋润了你的土地。此刻，陛下理当履行君王的誓言。”

倭马亚王这时才恍然大悟，只好释放了霍尔莫王子。

守信有时候会让自己承担重负，但是，它会让别人感到轻松踏实。

王子的机智令人钦佩，王的一诺千金更让人臣服。诚信至上的年代，即使在惨烈的战争中，也仍然让人感到安全，感到踏实。

一个社会文明程度的高低，不是用科技的优劣，也不是用财富的多寡，而是用诚信的有无来鉴定。有诚之邦有德，无诚之族无道。

于人亦然。

大象按摩师

在印度南部喀拉拉邦，人们利用大象搬运树木和其他重物。可是，由于利欲所驱，人们对大象并不珍爱，很多大象在主人家饱受折磨。

象主安得利尔养的9头大象，一年内，累死了3头。大象丽安，初时活蹦乱跳，每天用鼻子卷起木头，帮主人装车，非常可爱。由于过度劳累，丽安终于倒下了，死时体重减了150公斤，浑身渗血，不停地颤抖，流泪的大眼哀怨地看着主人。安得利尔看它实在不行了，就残忍地将它杀死，然后拔出象牙。

这种事情到处都有发生。于是，好像是商量过似的，许多大象同日向主人发难。那天，安得利尔驱象出院时，6头大象一如往日，很乖。等到运木现场，6头大象一起仰啸，尔后围住了安得利尔，一步一步逼近。

安得利尔吓得大叫，拔刀怒吼，没用，大象就像6部装甲坦克，夹紧了他。四周数百人赶来援救，用尽招数，也无法驱动大象。最后，6头大象大摇大摆离去时，安得利尔已经倒地窒息。

于是，象主们开始改进役使大象的方式，有的是减轻劳动量，有的试图制造更有力的训象工具，希望能把大象一下子制伏……也有人想出另外的办法——给大象按摩！

按摩术的创始人叫吉米。他也是象主，但他不贪财，只有一头大象。吉米每天早晚都为他的大象做一次按摩，各一小时。

为此他还拜师学了人体按摩的全套技法，施予大象。其他象主都笑话他。

可是不久，奇迹出现了。吉米的大象肥壮起来，每天要比其他大象多干几倍的活儿，却很欢快，经常和主人亲近嬉戏。

象主们也开始尝试给自家的大象按摩。奇怪的是，没有一个人能达到吉米那种效果。不少大象根本就不让主人靠近，再努力也没用。有人请吉米去给大象按摩，自己跟着学。技法全会了，但效果还是不佳，所有大象只认吉米，吉米来了就乖乖躺下，主人来了就大发脾气，死不顺从。

在全体象主的请求下，吉米不再干那些粗重的活儿了，他成为印度第一位大象按摩师，名传千里。到 2008 年，吉米收徒 600 多人，仅在喀拉拉邦，就有 80 多家“大象按摩院”。

吉米告诉徒弟们：不要光追求技巧，心才是最重要的。心无柔情，手无温暖，爱是掺不得假的，哪怕是对一头大象。

我们不光要真心对人，也要真心对待所有的生命。谁说动物没有感情？谁说动物没有思想？草木有泪，花树有情，我们为什么要把人类的生命凌驾于其他生命之上？

不妨想一想，如果你是托运大树的象，你是田间耕作的牛，你是看护家院的狗，你希望人怎样对你？

品格永不贬值

19世纪初期，在非洲的某个村庄住着一位富翁。有一天，这位富翁要给城里的儿子送去2万先令的钱，可是，他不知道让谁送去才放心。

从村子到城里要翻过好几座大山，还要穿过一大片森林，路途非常艰险。当时，2万先令也是很大一笔钱，这些钱几乎可以买到100匹好马。所以，必须委托一个可靠的人。

富翁想来想去，决定把此事交付给邻居家的阿里。阿里只有13岁，虽然他年纪小，却是一个很有头脑的孩子。听了富翁的吩咐，阿里一口就答应了。

第二天一早，阿里小心翼翼地将钱绑在腰间，背上一袋干粮就出发了。白天他不停地赶路，晚上就睡在野外的树下，饿了就吃一点干粮，渴了就在岩石上接一点水喝。

有一天，阿里正在路边休息，突然来了一支军队，他们不由分说就将阿里带到一个荒无人烟的山上，强迫他训练参军。阿里吓坏了，他害怕军人发现他携带的巨款，半夜里悄悄将钱藏到营地附近的一个树洞里。

好几个月过去了，阿里每天就在营地周围站岗放哨，他曾试图离开这个地方，可是每次都没有成功。不久，机会来了。一天夜里，另一支军队向营地发起进攻，在仓促应战中，首领阵亡，其他士兵四散逃走。

阿里趁着混乱，找到藏钱的大树，拿出装有2万先令的包裹，马不停蹄地跑进了一片密林。他在林子里躲了三天，等到枪声消失，他才大胆走出了大森林。

儿经周折，阿里终于找到了富翁的儿子。对方在听了阿里一路的遭遇后，非常感慨。尽管阿里一再拒绝，富翁的儿子还是送了一匹马给他作为酬劳。

阿里推辞不过，就打算将马卖掉，换成钱回家。马商看了看马，开出了一个价钱："20 万先令!"一匹马居然值 20 万先令！阿里不敢相信自己的耳朵。他问马商："这是一匹名贵的宝马吗?"

"不，它只是一匹普通的马，我给的价钱也是公平合理的。"马商说。阿里接着问道："如果 20 万先令能够买一匹马，那么，2 万先令能够买些什么呢?"

马商向他解释道："是这样的，战争结束了，但钱却大大贬值了。现在，2 万先令大概只够买一顶帽子!"

阿里的故事在当地流传开来，人们对他的评价是：钱会贬值，但品格永远不会。人们对富商的儿子也同样敬佩：钱贬值了，但感激的心没有。

如果一个人的美德可以折合成金钱的话，阿里的品性足以买下天下所有的好马。

有人把重托放在你的肩上，说明你比重托更重。

上帝的代理人

有一对非常穷困的犹太老夫妻，经常挨饿，最后实在无计可施，老头儿就对老太太说："老伴儿，咱们给上帝写封信，让他帮帮我们吧！"

老太太极力赞成。于是他们坐下来给上帝写信，求上帝帮忙。写好信后，他们签了名，然后仔细封好。

"你说我们怎样才能把这封信寄到上帝那里去呢?"老太太犯难了。

"上帝无所不在，"老头儿说，"我们的信无论用什么方法寄出，他都一定能够收到。"

他们走出门去，把信一扔，风就把信给吹走了。

碰巧有一个善良的富人出门散步，一阵风把信吹到了他的脚下。他好奇地把信捡起，打开读过，不禁被这对老夫妇的虔诚感动了。

富人非常同情他们的处境，决定帮助他们。他快速地取了钱，就按照信上的地址，敲响了那对老夫妇的门。

"纳特先生住在这儿吗?"富人问道。

"我就是纳特。"老头儿回答道。

富人朝他笑了笑。

"我有点儿事要告诉你，"他说，"几分钟之前上帝收到你的信，我是他在这个地区的代理人，他叫我给你送来 100 卢布。"

"你瞧，你瞧！老伴儿，"老头儿高兴得大声说，"上帝收到我们的信了！”

老夫妇收下了钱，对上帝的代理人千恩万谢。

可是当那位富人走后，老头儿却满腹狐疑。

“你在想什么呢？”他的妻子问道。

“老伴儿，我很怀疑，”老头儿若有所思地说，“那个代理人看上去一点儿都不诚实。他可能同我们耍了滑头。你知道代理人是怎么回事吗？是从中收钱的人。很可能上帝给了他 200 卢布让他给我们，可是他留下一半给自己做佣金了。如果是天使，我绝对不会怀疑。”

你应该现在就把脚踏车还给汤姆，记得你说过只借用两天，可是，今天是第三天了。

当一个社会的诚信被毁坏之后，善良会遭到质疑，公正会遭到质疑，一切美好的东西都会披上一层虚假的阴影。

如果世间只剩下上帝和天使值得信任，这个世界会多么恐怖？

诚信被玷污之后，就很难擦洗干净。

小男孩小女孩

一个小男孩和一个小女孩在玩耍。小男孩收集了很多石头，小女孩有很多糖果。小男孩想用石头与小女孩的糖果做交换，小女孩同意了。

小男孩偷偷地把最大和最好看的石头藏了起来，把剩下的石头给了小女孩。而小女孩则如她允诺的那样，把所有的糖果都给了小男孩。

那天晚上，小女孩睡得很香，而小男孩却彻夜难眠。他始终在想，小女孩是不是也跟他一样，悄悄藏起了更好的糖果没有给他？

其实，如果你不能给别人百分之百，你就会怀疑别人是否给了你百分之百。拿出百分之百的诚心对待世界，你就能天天拥有恬静安稳的美梦。

人因不满足而引发的痛苦，并非因为他得到的太少，而是因为他奉献得太少。你把自己全部奉献给世界，世界就把全部回馈给你。

特殊考试

在印度孟买一所大学，第二天就要举行考试。很多人都在紧张复习备考的时候，有4个学生却跑到校外狂欢直至深夜。第二天早上醒来，他们才开始担心考试不及格，于是他们冥思苦想，想出了一个应对的办法。

他们用油污和泥巴涂抹在身上，然后去找校长，皱着眉头说：昨天晚上参加一个朋友的婚礼，回来的路上汽车突然爆胎，而车上恰好没有备用的轮胎。为了参加这次重要的考试，他们硬是推着汽车，在泥泞不堪的路上艰难跋涉了一夜，才终于赶了回来。现在他们已经筋疲力尽了，恐怕会影响考试的成绩。

校长让他们先回去休息，3天之后再来参加补考。4个学生非常高兴，并表示一定好好准备。他们暗自庆幸：多亏自己聪明，编造了这么完美的借口。他们同时还想：校长也真是愚蠢，竟然这么容易被骗。

3天之后，校长将这4个学生分别安排在4个房间考试。他们胸有成竹，因为在过去的3天里，他们对考试做了充分的准备。试卷发下来了，只有两道题，也非常简单。可是，4个人都愣住了——

问题一：填写学号和姓名，2分；问题二：3天前的晚上，汽车爆的是哪只轮胎？答案有四个——A左前方的轮胎，B右前方的轮胎，C右后方的轮胎，D左后方的轮胎。这一题，98分。

第一，不要太聪明；第二，如果太聪明，不要用在撒谎上；第三，如果撒谎了，不要以为别人不知道；第四，如果一定要撒谎，限制在两个时期：3岁以前，90岁以后。

百年誓约

1898年的一天，在法国罗讷河边的一个酒吧里，在酒吧老板和镇长的见证下，冈维茨镇上的磨坊主都伦老爹和两位旅行者签下了一份协议。协议的内容是：都伦老爹拿出1000法郎帮助盖诺兄弟开办面包工厂，而盖诺兄弟要在工厂投产后，每周免费供应都伦老爹50磅的各类糕点。

不管后人如何看待这份协议，总之，在当时所有人看来，都伦老爹是吃大亏了。1000法郎在那个时代可是一笔不小的数目，都伦老爹不过和那两个来历不明的英国人喝了两杯，就答应资助他们开办糕点厂，这多少有些莽撞。但是镇上所有的人都知道，开一家面包店是都伦老爹一直以来的心愿，这次他无论如何都不肯听别人的劝阻。

令双方当事人都没有想到的是，百年之后的今天，盖诺兄弟面包公司已经成为法国南部最大的面包供应商之一，生产的面包、糕点多达数百种。而此时，盖诺公司依然遵守着当年所签订的协议，每周向都伦老爹后人经营的西点屋免费提供糕点，并且按照协议的补充条款，另外还以成本价不限量地供应。

其实，早在几十年前，都伦老爹的孙子就曾向盖诺公司提出废止那份协议，至少进行一些更改，那份协议现在已经不利于盖诺公司。公司老板对此十分感动，但是他们还是毫不犹豫地谢绝了这份好意："说实话，那份协议的确给公司的运转造成过困扰，但是，没有它，也没有我们的今天，况且，没有什么比承诺更加神圣。即便是在被德国人占领的时候，我们都没有背叛过当初的诺言，现在就更加不能。”就这样，盖诺公司的送货车，依旧在每个送货日的清晨，准时出现在都伦老爹西点屋的门口。

2002年，美国的一个大财团有意并购盖诺兄弟面包公司。在谈判过程中，盖诺公司提出的一个附加条件就是，新公司必须继续履行百年前的那份协议，为此盖诺公司甚至愿意在价格方面做出让步。在了解了那份协议的始末之后，美国方面负责人爽快答应了，因为，相对于履行那份协议付出的代价，百年不渝的诚信才是盖诺公司最有价值的财富。

一百年，一个承诺，与其说这是一个感人的商业故事，不如说是一个美丽的都市童话。当盖诺公司的送货车，依旧在每个送货日的清晨，准时出现在都伦老爹西点屋门口的时候，这个世界似乎突然闪亮了一道灿烂的光，让我们感动，同时也让我们羞愧。

去年的树

一只鸟儿和一棵树是好朋友。鸟儿坐在树枝上，天天给树唱歌，树呢，天天听着鸟儿唱歌。日子一天天过去，寒冷的冬天就要来了。鸟儿必须离开树，飞到很远很远的地方去。

树对鸟儿说："再见了，小鸟！明年请你再回来，还唱歌给我听。"鸟儿说："好的，我明年一定回来，给你唱歌，请等着我吧！"鸟儿说完，就向南方飞去了。

春天又来了。鸟儿飞回来，找它的好朋友——那棵树。可是，发生了什么事情呢？树，不见了，只剩下树根留在那里。

"立在这儿的那棵树，到什么地方去了呢？"鸟儿问树根。树根回答："伐木人用斧子把它砍倒，拉到山谷里去了。"

山谷里有个很大的工厂，锯木头的声音"沙——沙——"地响着。鸟儿落在工厂的大门上，它问大门："门先生，我的好朋友——树在哪儿，您知道吗？"门回答说："树吗？树都做成火柴，运到那边村子里卖掉了。"

鸟儿向村子里飞去。在一盏煤油灯旁，坐着个小女孩。鸟儿问女孩儿："小姑娘，请告诉我：你知道火柴在哪儿吗？"小女孩回答说："火柴已经用光了。可是，火柴点燃的火，还在灯里亮着。"

鸟儿睁大眼睛，盯着灯火看了一会儿。接着，它就唱起去年唱过的歌儿，给灯火听。

唱完了歌儿，鸟儿又对着灯火看了一会儿，然后飞走了。

去年的树，今年没有了，但是去年的鸟，依然飞回来。去年的树变成了一束火苗，等着去年的鸟为它歌唱。

时间改变了很多事情，不过没有改变树和鸟之间的约定。

视 野

俯瞰寥廓的识见

HARVARD FAMILY INSTRUCTION

世界末日何时来临

根据科学家的测算，如果按照当前的温室气体排放速度，20 年内就会达到升温 2℃这一地球生态警戒线，这将在社会发展和人类历史进程诸多层面出现灾难性后果。科学家在对数千份科学文件进行精心研究后，向我们系统描述了地球气温升高后将面临的灾难。

气温升 1℃，美国南部地区的“大粮仓”将变为大漠，从而将人们逼出这一地区。今天全球最热的撒哈拉大沙漠，那时可能会变得湿润起来，阿尔卑斯山的冰雪将全部融化。澳大利亚大堡礁的珊瑚将会全部死亡。

气温升 2℃，地球上将出现大面积的农作物歉收、水资源枯竭、疾病肆虐、海平面上升等恶果。格陵兰岛的冰盖将彻底消失，从而使得全球海洋的水平面上升 7 米。1/3 的动植物种群会因为天气变化而灭绝。1 亿人处于缺水中，同时世界上绝大多数的珊瑚将会消失。

气温升 3℃，地球生态状况将出现一个重大“拐点”，因为地球气温一旦上升 3℃，就意味着全球变暖的趋势将彻底失控，人类再也无力介入地球气温的变化。海洋大循环将会停止，地球气候就会变得很不稳定，某些地区也有可能突然变得很寒冷。

气温升 4℃，人类生活资源渐趋中断，对于地球的大部分地区来说都是灾难。此时，北冰洋所有的冰盖将全部消融，北极成了一片浩瀚的海洋，北极熊和其他在低温环境中生活的动物将彻底灭绝。南极的冰盖也将受到很大影响，南极洲西部地区的冰盖将与大陆脱离，最终海平面上涨，从而使全球的沿海地区再度被海水吞没。

气温升5℃，95%的物种灭绝。一旦全球气温上升5℃，绿色阔叶林将重现加拿大北极圈，南极的腹地也会有类似的情景。然而由于陆地大部分被淹没，动植物无法适应新的环境，因此将有95%的物种灭绝，地球面临着一场与史前大灭绝一样的劫难。

哥本哈根气候变化大会开幕之际，欧洲多国爆发游行示威活动。英国、德国、法国等民众提出，发达国家必须承诺，在2050年前实现大规模减排温室气体。面对气候变化这个大议题，没有人可以置身事外。事实上，我们每个人都可以改变自己的生活方式，为地球也是为我们自己，做一点儿力所能及的事情。

有人经常嘲笑那些预言世界末日的人们，其实，不要嘲笑。什么样的景象才是世界末日？难道要亲眼看到地球爆炸的时候才相信世界末日？如今的世界，战火频频，灾难连连，道德沦丧，人心不古，难道这还不算是世界末日？这么多令人惊惧的自然异兆，为何还不能让我们警醒？

河里不再有水，山上不再有树，冬天不冷，夏天不热，贪脏枉法，欺世盗名，路上挤满汽车，空中塞满烟尘……这难道还不算世界末日？世界末日早已来临！

如何拯救这个世界？少开一次车，少亮一盏灯，少放一点儿水，少丢一节电池，少浪费一张纸，少踩踏一只蚂蚁，不买象牙，不穿貂皮，不食鱼翅……怀一份怜悯心生活，怀一份良知生活，以众生的原则生活！

你的天花板有多高

在天花板较高的房间里工作，和在天花板较低的房间里工作，人的思维会有所不同吗？美国明尼苏达大学的学者们为此进行了试验研究。

“头顶的高度能激活人脑中的某种概念，”明尼苏达大学市场学教授迈耶说，“当人们进入天花板较高的房间时，他们就会产生自由的念头；反之，人们会倾向于产生拘泥狭隘的想法——这会进而影响人解决问题的技巧和行为方式。”

在试验中，当受访者在3米高的天花板下进行字谜游戏时，其思维会更倾向于自由、抽象、丰富多彩，信息处理的速度也会加快；而在2.4米高的天花板下，受访者的思维则会更集中在具体事物和细节上，其思维活跃的程度明显偏低，注意的范围相对缩小。另一项试验则发现，当受访者身处狭小房间时，他会对某种商业产品的设计缺陷表现得更为敏感。

迈耶说：“管理人员应该在拥有较高屋顶的房间里工作，这样有助于他们大胆地改革创新；而工程技术人员和会计们的房间天花板则应相对较低，这样，他们会专注于事情的细节。这种理论也可应用于卫生保健行业，医院手术室的屋顶最好不要太高，这更有助于医生们在手术过程中精益求精。

人类的头顶至少有三层天花板：第一层，就是你的房屋；第二层，是天空；第三层，是你的思想。你愿意生活在哪一层下面？你正生活在哪一层下面？

不要让天花板限制了你的生活，不要让天花板影响了你的态度。

看到却没发现

一个苹果从树上掉了下来，砸在牛顿头上。牛顿想：为什么苹果只落向地面，而不飞到天上呢？于是他发现了万有引力。要是我们，一定会破口大骂：这个该死的苹果！

烧水时，蒸汽冲开了壶盖，留心此事的瓦特因此发明了蒸汽机。要是我们，一定会大吼道："哪个傻瓜烧的水？看，都喷出来了！"

一样的生活，铸造不一样的人。

奶牛，多么普通的动物。从南到北，从东到西，从古至今，地球上无数的人经常看到它，但没有人在它身上发现一个现象：奶牛总是自觉不自觉地头朝北、尾朝南。

借助谷歌搜索引擎查询到的地球卫星图像，科学家们分析了散布于全球308处8510头奶牛的生活规律，发现它们都有第六感，能知道地球南北方位，而且不论什么风向和时辰，总是面朝北站立。这一发现确实让科学家们惊讶不已。虽然奶牛以提前几小时预知下雨的能力而闻名，但它们的导航本领却一直被人们忽视了。

这一关于奶牛地球磁场感应能力的重要发现，发表在《美国国家科学院学报》上。这一发现对我们来说意义并不小。如果今后在野外迷失了方向，没带指南针不要紧，只要身边有奶牛，那就不用惊慌。只要看一看奶牛的头朝向哪一边，就知道哪边是北方。

如果你有一家奶牛场，当初建设它的时候没有尊重奶牛头朝北的规律，那么一定要及早地纠正。其中道理很简单，奶牛头不朝北，就会无形中不自在、烦躁，而烦躁自然会影响牛奶的产量和质量。

生活处处有物理，留心观察皆学问。

生命定律

生命中有几个定律，它们可以让我们更好地认识生活，更好地体悟人生。

第一个是不对称律。

我们习惯地认为，世界都是对称的。其实，人生、世事大多并不对称。

成功需要100%的努力，失败只需要1%的破绽；千里之堤，构建必须处处牢固，毁坏则只要一处蚁穴；人生，退步容易，进步很难；生活，由俭入奢易，由奢入俭难。

第二个是守恒律。

自然界有能量守恒定律，动量守恒定律，等等，生活中的许多事物也大体如此。

比如有一些人，它们的眼睛失明了，听力却变得特别好；身体残障了，头脑却变得异常聪慧；有的人，他们虽然很穷，但是他们却拥有坚强的意志，拥有远大的抱负和理想。

世间得失、成败、荣辱、祸福都是彼此平衡。所以，不要为得到而惊喜，也不必为失去而沮丧。拥有之中便有失去，匮乏当中又有获取。

第三个是递减律。

"边际收益递减律"，是经济学重要的理论概念之一，意思是，人们从获得一单位物品中所得到的满足，会随着所获得物品数量的增多而减少。

干渴时，喝第一杯水会给你带来满足和幸福，喝第二杯水时，这种感觉就会减少，第三杯、第四杯会依次递减。从理论上推想，我们总以为得到的越多会越满足、越幸福，“递减律”却告诉我们，其实不是如此。

所以，我们应该知道满足，不要贪求，不要有太多奢望。

我是谁？我从哪里来？我为什么在这里而没有在那里……生活就是一边劳作一边思考的过程。现实中，人们思考的时候很少，有些人甚至一辈子都没有思考过有价值的问题。

生命定律告诉我们，人生应该这样度过：勤奋地工作，怀着信念生活，感激拥有的一切。

隐藏机密的细节

“二战”中的一天，苏联前线某军司令部，突然来了一支由数名军官组成的检查组，要求该司令部汇报作战准备情况。

在接待中，该司令部一位参谋发现，检查组中一名军官不停用手指轻轻叩击桌面，显示出一副轻松自在的状态。然而，从其手指动作的规律和发出的声响中，这位参谋判断出，他敲的是一支德国名曲。于是他顿生疑心，立即向上级报告。经迅速核实，该所谓“检查组”，实系德国间谍伪装。于是，司令部马上将他们全部抓捕，避免了一次即将发生的泄密事故。

在“二战”期间发生的另一件事，也同样富有戏剧性。在中立国瑞士南部边境小镇的火车站，一位衣着考究但皮靴上沾有泥土的男士正在候车。这时，另一名旅客手持香烟向他借火，这位男士信手从上衣袋里掏出一盒火柴递给了对方。

借火人用完火柴后，客气地说：“对不起，请拿出证件看一下！”这位男士在身上掏了一阵，无可奈何地说：“抱歉，忘带了！”借火人亮出瑞士秘密警察的证件，立即将此人逮捕。

这名瑞士秘密警察如何知道了对方身份的可疑？其一，瑞士人出门旅行，衣着都很整洁，而此人皮靴上沾有泥土，说明他刚刚经过长途跋涉；其二，当时瑞士人都用瑞士产的火柴，此人身上却带着意大利火柴，而且没有证件。

经审问，此人正是受意大利当局派遣，准备来瑞士刺探军事情报的间谍。

注意那些多余的动作，注意那些闪烁不定的眼光，注意那些不合逻辑的事实。

学会将生活的众多细节变为知识，学会把所有的知识变成观察事物的镜子，学会用自己审视的眼光辨别真伪。

如果是不可告人的秘密，无论你藏得多么好，它总会不经意露出一截小尾巴。

赢者的诅咒

传说在公元193年，当时的罗马皇帝柏提那克斯被他的近卫军杀害，而想大捞一把的近卫军士兵对皇位进行了拍卖。在激烈的竞争中，最后一个叫狄第乌斯的富翁拍得皇位，并给了每名近卫军士兵一大笔钱。然而没过多久，这位赢家便被从远方赶回的罗马军队赶下了台，并被砍头。后人将这样的事实称为“赢者的诅咒”。

在现代经济生活中，“赢者的诅咒”现象经常出现。在竞争夺标的过程中，赢家最后变成最大的输家，赢者好像被“诅咒”了一样。

19世纪50年代，美国拍卖海底油田，夺标厂商的开价高达2000万美元。事后经过估算，油田的市场价值大约1000万美元，夺标者不但没能实现预期收益，甚至还遭受了巨大的损失；1988年，日本三菱下属的房地产公司，以14亿美元买到的洛克菲勒中心，最终亏损高达8亿多美元；松下于1990年以61亿美元之巨资，买到环球电影公司，5年后贱卖给了希格拉姆公司；1996年，美国联邦通信委员会准备拍卖个人通信服务所使用的频谱，最大投标人NextWave个人通信公司最终胜出，获得经营许可证，总共支付了62亿美元，两年后，该公司申请破产。

经济学家们收集了大量真实的数据，验证了在任何形式的拍卖中，“赢者的诅咒”都可能发生。而且当拍卖的买家越多时，发生“赢者的诅咒”的机会也就越大。

这是一种有趣的现象，心理学家和行为经济学家联合起来，试图搞清这些赢者被诅咒的原因。他们认为，这些赢者之所以被“诅咒”，是因为一种认知错觉，也就是一种精神作用，就如同泡沫产生的原因一样。

在拍卖会上，为了赢得标的，你必须积极地出价，其他竞争对手会促使你不断提高出价，拍卖价格在一浪接一浪的高呼声中水涨船高。随着血压的升高和心跳的加快，“赢者”举起的手变得越来越不理性，过度的自信放大了收益，缩小了风险，最终那个抑制不住自己情绪的“举手者”，就成了最后的赢者。与此同时，“赢者的诅咒”出现了——他的投标价格已经远远高于真实价值，在赢得拍卖的同时，他必将输掉利润。

赢可以成为一种生活态度，但绝对不要成为生活目的。生活说到底不过是和自己展开的一场战斗，赢了自己，才是真赢。

没有什么必须成为垃圾

废纸可以回收利用。可以回收的废纸主要包括报纸、书本纸、包装用纸、办公用纸、广告用纸、纸盒等。但纸巾和卫生纸因为水溶性太强，不可回收。

对于低碳要求和节约资源而言，每回收1吨废纸，就可以制造850公斤好纸，节省木材300公斤，比等量生产减少了74%的污染。如此计算，当回收了1500吨废纸的时候，就可以使原本用来生产1200吨纸张的林木免于砍伐。

塑料可以回收利用。可回收的塑料包括各种塑料袋、塑料泡沫、塑料包装、一次性塑料盒和餐具、硬塑料等。

每回收1吨塑料饮料瓶，就可以获得700公斤二级原料。与此同时，1吨废塑料还可以用来回炼柴油600公斤。

塑料是可再生资源，在循环使用方面应该得到重视。“一些顾客在买了塑料袋回去后就不再使用它，这属于浪费行为，人们首先要改变这个观念。同时，我们也要教育公众认识到塑料的价值，不要随便将塑料丢到环境中，知道回收废塑料的作用。”这都是环保人士提出的诚恳建议。

金属可以回收利用。可回收的生活金属垃圾主要是易拉罐、铁皮罐头盒等。

每回收一吨易拉罐，熔化后能结成一吨很好的铝块，可少采20吨铝矿；而每回收1吨废钢，可以炼出900公斤好钢，比用矿石冶炼节省成本47%，减少75%的空气污染，减少97%的水污染和固体废物。

玻璃可以回收利用。玻璃是一种“资源消耗大户”，每生产一吨玻璃，需要消耗约1.1吨各种原料，包括800千克左右的石英砂、130千克左右的烧碱和同等数量的石灰石，再加上约140公升的重油或等比的其他能源。

为了熔炼有色玻璃，还必须掺入一些特种物质，这种种原料，大都属于不可再生的矿物资源。因此，为了节约原料、能源，降低生产成本，人们常常选择“石英—玻璃—废玻璃—代石英—玻璃”的循环生产方式。在瑞士、德国、日本等国家，废玻璃的回收利用率已达到80%以上，世界平均水平也已接近50%。

织物可以回收利用。各类废弃织物，包括旧纺织衣物、纺织制品、废弃衣服、桌布、洗脸毛巾、书包、鞋子等，这些量大却又难以处理的日常生活废弃物，如果得到有效的回收利用，会得到很好的资源效益。

将回收的各种鞋类进行分选、清洗干燥、去除、切割、粉碎除尘、筛分等工艺处理后，可用作建筑材料、塑胶跑道、地毯底料等；旧织物进过分选、粉碎、机械开松等工艺后，可用作建筑材料、再纺织物、造纸和活性炭的原料。大大减少了固体废弃物的排放量，实现了资源化利用。

我们把一片很好的菜叶扔在地上，然后对菜叶说：这是垃圾；我们把几粒很好的米粒扔在地上，然后对米粒说：这是垃圾。

太阳照在大地上，我们视若无睹地从上面踩过，阳光变成垃圾；小溪从山涧淌下，我们让污秽的水流进去，小溪变成了垃圾。世界上本来没有垃圾，是我们自己变成垃圾，然后把它们也弄成垃圾。

一支铅笔的家谱

美国著名经济学家、诺贝尔奖获得者弗里德曼，曾经写过一篇文章，名叫《小铅笔的家谱》。一支小铅笔异想天开地讲它自己的故事："没有一个人知道我是怎么被造出来的……"

首先木头来自一棵树，一棵长在加利福尼亚或俄勒冈的笔直的雪松。把它砍倒，运到站台，需要锯子、卡车、绳子和无数其他工具。这些工具的制造过程涉及许多人和各种各样的专业技能：先采矿、炼钢，然后才能制造出锯子、斧子和发动机；先得有人种麻，然后经过各道工序的加工，才制造出了又粗又结实的绳索；伐木场里要有床铺和食堂，伐木工人喝的每一杯咖啡里面，就不知包含有多少人的劳动……

接着，木料被运进木材加工厂，在那里，圆木被制成板条，然后把板条从加利福尼亚运到威尔克斯巴勒，在那里做成这支讲故事的特定的铅笔。但这还只是铅笔的外皮，那个铅芯实际上根本就不是铅，它最初是从锡兰开采出来的石墨，经过许多复杂的加工，最后才制成铅笔的笔芯。

铅笔头上的那一圈金属是黄铜。它说："请想想看，所有那些开采锌矿和铜矿的人吧，想想看，所有那些运用自己的技术，把这些自然的产物做成闪亮铜片的人吧。"

那个我们称作"擦子"的东西在铅笔制造业中叫"笔擦"。一般以为那是橡皮做的，其实橡皮只用于结合的目的，起擦除作用的，实际上是硫化油膏，这东西看似橡皮，实际上是用印度尼西亚产的菜子油和硫氯化物化合反应制成的。

成千上万参与制造铅笔的人们，并不是因为自己需要铅笔而去干这一行。他们中有的人甚至从未见过铅笔，不知道它是干什么用的。这些人生活在不同的地方，讲不同的语言，信奉不同的宗教，甚至可能彼此憎恶——然而，所有这些差异，并没有妨碍他们在各自的领域工作，最终生产出一支铅笔。

小东西，你又在捣蛋！看我把牌子挂到你的脖子上！

一支小铅笔，其中凝聚着那么多人的劳动，真是令人感慨。当我们随手握着一支铅笔的时候，也许从来没有想过这些。所以，一支铅笔也要珍惜——不是为钱，是为大自然的施舍，是为那么多人的辛劳。

其实，我们每天享受的一切，哪一样不是如此呢？

亲情的回报

为什么女性平均寿命比男性长？为什么不育女性平均寿命比婚育女性的平均寿命要短？为什么一些婚育女性婚育前的身体不良症状，在婚育后就自然消失？这个长期不解之谜已被科学家破译。

胎儿的细胞能够返流。母亲孕育期间，在给胎儿供给营养的同时，胎儿反过来把一些细胞存留在母体。这些细胞作为干细胞，可以演化成脑细胞、肝细胞和其他重要基础细胞修补母体不健康细胞，起到治疗母体疾病的作用。那些婚育女性婚育前的身体不良症状，在婚育后自然消失，原因就是由胎儿返流的干细胞进行了修复和根治的结果。

该发现表明，母亲经历十月怀胎和生育痛苦的同时，也得到了胎儿的回报，只是这种回报是在自己毫无所知的情况下得到的。胎儿刚成人还未成人之时，已给母亲馈赠了一笔生命财富，留待母亲遭遇疾病时备用。

这是一种生命的奇迹，也是一种自然伦理——就是说，父母给了我们生命，反过来，我们必须回报亲情。

由此看来，报答是大自然的法则，无论我们愿不愿意，知不知道。感谢所有的母亲，也要感谢所有的儿女。

大象在天上飞

如果一个人对我们说，“在随后的60秒钟里，不要想着大象在天上飞”，那么，在接下来的60秒里，你的脑海中会一直出现“大象在天上飞”的画面。

为什么会出现这样矛盾的情况呢？“不要想”是一个很抽象的概念，暗示性比较低；而“大象在飞”却是形象而出奇的，暗示性很高。这样，后者的影响力就远高于前者，所以，虽然整体的信息指向是“不要想”，结果却不可遏制地去想了。

“暗示是一种很神奇的力量，它会引着我们去我们不想去的地方。”一名精神分析师这样说。美国某棒球队一名伟大的投手，正准备给对手投球，他的队友走过来对他说:“千万别给他出界的高球。”接着，这名伟大的投手出手了，球不仅飞得很高，而且还出界了，甚至飞到了看台上。

这是很奇怪的事情，最不希望出现的结果，如果有出现的可能，往往都会出现。“墨菲法则”告诉我们：“如果一件事情有可能被弄糟，让他去做就一定会弄糟。”这是在1949年一位名叫墨菲的空军上尉对他一位同事的评语。其实这句话也可以运用在每一个人身上。

有一个笑话很好地阐释了墨菲法则。亚历克斯激动地告诉母亲，他恋爱了，并准备结婚。他说：“妈妈，我准备带三个女孩回家，请你猜哪位是我要娶的女孩。”母亲同意了。

第二天，三个漂亮的女孩并排坐在妈妈的对面，她们聊了一会儿。等女孩们离去后，亚历克斯问："妈妈，告诉我，哪位是我要娶的?"妈妈答道："右边的那位。"

"真是不可思议！妈妈，你猜对了。你是如何知道的?"母亲淡淡地说："我不喜欢她。"

于是，看起来很不合理的"墨菲法则"就变得异常经典了。一件事情如果有两种发展趋势，那种糟糕的结果实际上就是"不要想"的那种，可是它就像你的影子一样，你越是想摆脱它，它就越随形而动。你摆脱的欲望越强烈，它对你的影响就越强，这也是在很轻松的环境下能做到的事情，在让人拘谨的环境反而做不到的原因。

暗示的作用是强大的，几乎每天我们都在从别人、从自己那里接到诸多暗示。比如不要不开心，不要紧张，不要害羞，不要哭泣，等等。不过很可惜，我们的大脑最后只接收到后面的信息。于是我们常常成为"墨菲法则"彰显成效的牺牲品。

既然如此，我们为什么不正面暗示自己呢？要开心，要放松，要镇定，要微笑……经常这样说，我们就逃脱了墨菲的圈套。

期待太多更容易失望，苛求完美就无法接近完美；学会珍爱那些你喜欢的东西，学会接受那些你不喜欢的东西；用美丽的语言描述生活，用正面的话语引导别人；少用否定句，少用被动句。

如果你不能拥有太阳，你还可以拥有月亮；如果你不能拥有月亮，你还可以拥有星星；如果你不能拥有星星，你还可以拥有天空！

城市为汽车而造

城市越来越大，城市生活的方式越来越复杂，可是，城市带来的幸福感却越来越少。当初人们料想的城市生活的一切美感，似乎逐渐被消解，最终留下的只有无奈和绝望。

19 世纪下半叶，人类发明的两样东西改变了城市，一是电梯，二是汽车。电梯使城市向高空生长，汽车使城市在大地蔓延。于是城市便有了两样东西：一是摩天楼，二是高速路，摩天楼把街道立了起来，它腾出了空地，汽车便理所当然地侵入。

高速路让人类像寄生虫那样活在车里，城市的步行空间被汽车统治。道路要足够宽，行人要足够少，一切以车速为尺度。一个自然人失去了站在街上的尊严，最“自然”的方式就是驾车狂奔。

人类的习性发生了变化。尽管统计数字表明，美国人已过度肥胖，但人们仍然热衷于享受不需要步行的自由，再短的距离，也要握着方向盘而去。

对石油的争夺更加激烈，战火吞噬无数生命，而它被冠以各种高尚的名义，其实就是为了能源，为了石油，为了汽车。

2007 年，英国的一项民意调查显示，汽车被列为最烂的发明之一，因为在全球气候变暖危及人类安全的今天，它仍然一如既往地向空中排放尾气。

为汽车而造的城市，甚至没有了逛街的乐趣，人们开始追问城市的意义是什么，可是谁知道呢？也许只有汽车知道。

科学让一些人获得荣耀，让一些人享有便捷，让多数人遭受痛苦。汽车是这样的，枪炮也是这样的，谁说电脑和手机就不是呢？

科学是一把没有握柄的双刃剑，拿在手上会伤了自己，放下去又担心别人来伤害你。

当塑料吸管扎穿土豆

给你一支吸管，一支普通的用来喝牛奶的吸管；再给你一只土豆，一只刚从菜场买来的拳头大的土豆。请问，你能用吸管穿透土豆吗？

不能！大概你会这样说，很多人都会这样说。那么，再给你一个辅助工具——杯子，看看情况会怎么样呢？

就让我们亲自动手试一试吧。先将土豆架在杯子上，接着用右手的四指抓紧吸管，再用拇指压紧吸管的顶端，最后猛力向下扎去……

你以为不可能的事情发生了——吸管居然穿透了土豆！这个试验的关键是，要用拇指扣紧吸管的顶端。这样一来，被隔绝了空气流动的吸管就会变得异常坚硬，足以穿透土豆。

一个父亲之所以动手做这个实验，完全缘于他的儿子。自从上了小学，儿子就迷上了科普杂志。每每看到杂志上介绍的小实验，他不但自己动手去做，还要拉着父亲做他的“伙伴”。

有一天，孩子拿着土豆、吸管来找父亲，要求他拿这支吸管扎穿土豆。父亲一口回绝：“这怎么可能？吸管那么软，怎么能穿透土豆？”儿子却不依不饶：“爸爸，你不要这样固执，杂志上说是能穿透的。”拗不过儿子的坚持，父亲答应和他一起动手。

按照杂志上指点的要领，父亲握紧吸管扎了下去。他惊讶地发现，吸管居然顺利地穿过土豆。重换了吸管与土豆，结果依旧不变。父亲不得不承认，他的“想当然”多么可笑，一支纤细的吸管，真的有能力穿透一只土豆。

这个小小的实验令父亲异常诧异。几十年来，有多少“不可能”存在于他的头脑中，使他错过了无数的渴求和梦想。其实，很多“不可能”只存在于心，并不存在于现实世界，而我们，因为心中的“不可能”，放弃了多少尝试的机会啊！

当吸管穿透土豆时，它也穿透了我们心中所有的成见。

谁说绘画一定要用画笔？我这难道不是在作画吗？循规蹈矩的人永远成不了艺术家！

如果有一天，你突然听见一只鸟对你说话，你会怎样想呢？当你坐在一块石头上的时候，你有没有想过，或许这块石头会奔跑起来？走在树林里，你有没有担心过，某一片树叶会突然伸过来抚摸你？你绝对不会，我相信。为什么呢？因为你没有这样的想象力。

一颗枣核支撑大坛

小老鼠可以给狮子带来麻烦。狮子睡觉的时候，小老鼠在身边吱吱地叫，狮子追赶它，它却嗖的一下钻进洞里。无论狮子如何愤怒，对它都毫无办法。

如果你的鞋里有一粒小沙子，你一定会被弄得心神不宁。你如果心神不宁，就可能发怒；你如果发怒，就很难做到对自己和他人公正。

生活中，我们经常会遇到像鞋里的沙子那样的东西，它们或许在你的衣服上，或许在房间里，或许在办公室。你经常要和像鞋里沙子一样的人打交道，有时是一只蚊子，或者是一只苍蝇……总之，你会不时被一些小的东西——当然也有大的东西——搅扰着、刺痛着。

也许，小的东西对人的刺痛更甚。

我们面临的问题是：怎么发现这些小东西？

由于心神不宁，往往不去注视小的东西，而总是寻找大的东西，这就更增加了我们的烦恼。

拿破仑的妻子是最聪明的女人，她发现自己与丈夫不和谐的原因是极其微不足道的。她注意到，每次她向丈夫提出要求时，丈夫总是立即加以拒绝。她开始怀疑丈夫，疑心他不爱自己。最后她终于找到了影响夫妻关系的小事情。她发现，每次她跟丈夫谈话时，他是站着的，而她则坐着。于是她改变方式，当丈夫坐着时，她再跟他交谈。此时的拿破仑处于平和安详之中，便不再拒绝她提出的任何要求。

处理的办法很简单，因为这是一桩极微小的事情。

当宫廷中有人挑衅地提出，让亚历山大乘骑一匹桀骜不驯的马时，他立刻发现了一件极小的事。他观察到这匹马害怕自己的影子，所有骑这匹马的人都驾驭着它背向太阳奔驰，太阳在它前面投下了影子，马异常害怕……

于是，亚历山大大帝骑着马朝着太阳奔跑，影子在前面消失，阳光照射着马的眼睛，使它感到疲劳，它就变得格外听话。

谚语云："一颗枣核支撑大坛。"意思是，小的东西可以支撑大的东西。相反，它还有另外一层意思，那就是，当你把这小的东西从大坛下抽掉时，大坛便会倾倒。

这就是说，有时小的东西会把我们引向大的灾难。

阿基米德说："给我一个支点和一根足够长的杠杆，我就可以撬动地球。"所以说，看起来很大的困难，也许只要一个很小的力量就能解决，总有一些东西可以把不可能变为可能。当然，也有一些很小的东西，会把可能变为不可能，比如鞋里的沙子，它会让一个健步如飞的人寸步难行。有些小东西，既可以让你成功，也能让你失败，比如大坛下的枣核，它能支起大坛，但如果它从大坛下溜掉，大坛就会倒塌。

所有大问题的下面都藏有一个支点，找到它，问题就会迎刃而解；所有的大困难都可能是一个小原因，坐下来倒掉沙子，就可以重新上路。

小纽扣击败法兰西

1812年5月，战绩辉煌的拿破仑带领60万大军离开巴黎，浩浩荡荡远征俄罗斯。法军战术高明，炮火猛烈，在俄罗斯境内长驱直入，短短几个月，就直捣莫斯科城。

在法国军队入城之前，沙皇亚历山大就采取坚壁清野的策略，他命令军队烧毁了四分之三的莫斯科城，6000多幢房屋化为灰烬。远离本土的法军找不到粮食，找不到草料，大批军马死亡，许多大炮因无马匹驮运不得不毁弃。

战争处于胶着状态，这时，雪上加霜的事情发生了。冬天已至，寒冷的空气夹着暴风雪呼啸而来，给拿破仑大军带来了致命的威胁。温度很快下降到零下二三十摄氏度，拿破仑后勤部队分发崭新的大衣，以抵御致命的严寒。奇怪的是，这些军大衣上竟然没有一颗纽扣。

由于衣服上没有纽扣，数十万大军在寒风暴雪中如同披着斗篷，无法保暖，许多人被活活冻死。就这样，在军心慌乱、饥寒交迫之下，1812年冬天，拿破仑大军被迫从莫斯科撤退，沿途大批士兵倒下，60万人最后只剩下了不到1万人。

我们可不可以说，就是一枚锡纽扣击败了拿破仑呢？有时候，历史就是这样轻描淡写地被改变了，而它的主人公还不知道改写它的人是谁，是怎样改写的。

这次失败的远征留给历史一个谜团：军衣纽扣为什么不知不觉失踪了呢？原来，拿破仑征俄大军的军衣上，采用的都是锡制纽扣，常温下，锡是坚硬的呈银白光泽的金属。但在寒冷的气温下，锡就开始转变为粉末状的灰锡。这就是军大衣纽扣神秘消失的原因。

心也需要一个落点

冬季，如果人在茫茫的雪地上连续行走几小时，就会有患雪盲症的危险。即使你戴上墨镜，挡住阳光落在雪地上反射的光，仍有患上雪盲症的可能。

直到20世纪80年代，这个谜底才被揭开。原来雪盲症并不是因为雪地上的强烈反光所致，而是由于雪地上空无一物的视界所造成的。如果你的眼前总是白色，并且一马平川，一望无际，那么十有八九，你会患上雪盲症。

研究表明，人的眼睛，原来是需要从一个落点到另一个落点不断转换的，如果它在一定的时间里，寻找不到一个可以参照的落点，它就会因为焦虑、疲劳和迷茫而失明。

人们在茫茫的大海上，如果眼睛总是注视着平静而无边的海水，不但感觉不到平静，反而会紧张或无所适从。因此，在大海上航行的人，目光总是禁不住地去寻找一只鸟、一座岛，或一条船。

而人的心和眼睛一样，也是需要落点的，否则就会因为迷茫而不知所措。许多人在命运的转折中，之所以会感到焦虑与不适，皆是因为内心的空虚和茫然。一些退休又无所事事的人，身心往往会出现疾病，原因也是因为人生突然失去了落点所致。

研究表明，无论什么人，无论他的生活状况怎样，他的心，都是要有落点的。即落在某一个目标上，否则他就会迷失。而人的许多苦恼，实际上也是因为人生落点的消失或转移所造成，尤其是在前一个落点消失，后一个落点还没有出现时，人便会感到异常焦虑。

现代人的紧张、彷徨、压抑，以及那些不明的痛苦，实际上都与内心落点的不明或失去有关。据有关人士研究统计，许多抑郁患者之所以失去生的希望，就是内心长期找不到落点的缘故。

心与眼是一样的，人的一双眼睛总是在不停地寻找着目标，而人的心，看似混乱，其实每时每刻都被特有的目标所固定着。一颗心，永远都是要挂在某个目标上，这样，它才安定，才充实。

人生的每个时期都要有一个美好的梦想，这个梦想就是我们生命的落点，就是我们心灵赖以栖息的小岛。有了这个小岛，我们的生命就可以长出绿叶，就可以开出花朵，就可以结出果实，我们的双翼就可以从那里升起。

DURER
HURD
REVERE
BEWICK
SHERBORN
FRENCH
SPENCELEY
SMITH
EX LIBRIS
Harvard Fanmily Instruction

人生

驭风激浪的历程

HARVARD FAMILY INSTRUCTION

出生都是婴儿

在美国南部的一座小镇上，一名游客问当地人："听说，你们这个小镇上出生过许多将军，是这样的吗？"

"不，先生，这里只出生婴儿！"那个人淡淡地答道。

这个回答是多么的精彩绝妙！不但机智，而且实在；不但简单，而且精辟！

你看，他用一句貌似平常的话，道出了一个多么不容置疑的真理：将军并非天生。是啊，不论是功勋卓著的将军，还是普普通通的士兵；不论是家喻户晓的明星，还是默默无闻的百姓；无论是身价显赫的富豪，还是身无分文的乞丐……他们出生的时候，不都是赤身裸体的婴儿吗？就像色彩斑斓的蝴蝶，前身不过是丑陋的毛毛虫；就像那光彩耀人的珍珠，最初也仅仅是一颗普通的沙粒！

那么，聪明的你，还有什么理由抱怨自己出身卑微？还有什么理由断定自己天生就命运不济？记住吧！哪怕是将军，出生时，也只是婴儿！

人生之始都是婴儿，可是，有的成了将军，有的成了总统，有的则成了流浪汉，有的成了囚徒……是什么改变了一个人的命运？是什么时候开始改变的？是哪些事促成了这不可思议的改变？如果让我们再次回到婴儿，然后重新开始，结果又会怎样呢？

两个乞丐

从前，有两个露宿街头的乞丐，他们都认识一位贫困潦倒的画家。

有一天，画家病了，两个乞丐轮流给他送去吃的东西。一个月后，画家就要离开人世，临终前，他送给两个乞丐每人一幅画，画的都是一双大手和一张微笑的脸。

一个乞丐高兴地把这幅画珍藏起来，他听说，很多画家死后就会出名，他们的画也会因此价值倍增。于是，他开始等待，希望某一天这幅画能换回一大笔钱。

一年过去了，两年过去了，许多年过去了，画家没有出名，这幅画也没有出名。这个乞丐就带着期盼和遗憾离开了人间。

富有戏剧性的是，另一个乞丐似乎看懂了这幅画，他把这幅画端详良久，然后离开了这座城市。

一年过去了，两年过去了……许多年后，这个乞丐回来了，他不再乞讨，他拥有了自己的事业，用双手改变了自己的生活。他有了房子，有了家庭，有了一张微笑的脸。

生命需要火花去点燃，这样的火花可能就在我们的身边，但如果你不懂得在平凡的生活中去发现它，挖掘它，那么你有可能一辈子都是个“穷人”。

人生就是一次次选择，选择的权力都在自己手中。我们每天都在不停地做出选择，然后，这些选择就把我们带向不同的未来。

我们选择偷懒，放弃勤奋；我们选择敷衍，放弃用心；我们选择谎言，放弃真诚；我们选择欢娱；放弃努力……这不是大多数人的选择吗？这不是大多数人的人生吗？

快乐的钥匙

每个人的心中都有一把“快乐的钥匙”，但我们却总是在不知不觉中把它交给别人掌管。

一位漂亮的女士抱怨说：“我活得很不快乐，因为先生公务繁忙经常不在家!”

她把快乐的钥匙放在先生手里。

一位妈妈说：“我的孩子不听话，让我很生气!”

她把快乐的钥匙交在孩子手中。

一位职员说：“上司不赏识我，所以我感到非常绝望!”

这把快乐的钥匙被塞在老板的手里。

演员说：“观众对我不够热情，我不愿意再演下去!”

年轻人从商场走出来说：“那位老板的服务质量真差，我再也无法忍受了!”

这些人都做了相同的决定，就是让别人来控制自己的心情。

一位知名作家和朋友在报摊上买报纸，朋友礼貌地对报贩说了声“谢谢”，但报贩却表情冷漠，一言不发。

“这家伙太没修养!”作家愤慨地说。

“他每天晚上都是这样的。”朋友解释道。

“那么你为什么还对他那么客气?”作家反问。

朋友答道：“为什么我要让他决定我的行为?”

一个成熟的人，他能握住自己快乐的钥匙，不期待让别人使自己快乐，反而能将快乐与幸福带给别人。

当我们出生的时候，上帝就给了我们一把快乐的钥匙，所以，我们看见一个小虫子也会高兴，看见一片小花瓣也会高兴，看见一只蝴蝶也会高兴……谁也破坏不了我们的幸福，因为我们对自己身外的所有都不在乎。

不要总是期待从别人那里得到快乐，而是要想办法把快乐送给别人——这才是快乐的真谛，这才是快乐的生命之源!

鱼儿眼中的海

一条鱼被捕上了岸，打鱼的人看它太小，而且很美丽，便把它当做礼物送给了女儿。

小女儿将它放在一个鱼缸里养起来，它每天游来游去，总会碰到鱼缸的内壁，心里便有一种不愉快的感觉。

后来鱼越长越大，在鱼缸里转身都困难了，女孩就给它换了个更大的鱼缸，它又可以自在地游来游去了。可是，每次碰到鱼缸的内壁，鱼畅快的心情就会黯淡下来，它有些讨厌这种被限制的生活。

鱼索性静静地悬浮在水中，不游也不动，甚至连食物也不吃。女孩见它很可怜，便把它放回了大海。

鱼在海里不停地游着，心中却一直快乐不起来。一天，它遇见了另一条鱼，那条鱼问它："你看起来闷闷不乐，为什么呢？"它叹了口气说："是啊，这个鱼缸太大了，我怎么也游不到它的边！"

如果不能打碎心中的四壁，即使给你一片大海，你也找不到自由的感觉。

在鱼缸里生活，要学会感受精美的快乐；在大海里生活，要体会那种博大的快乐。鱼呀，你要记住，无论在鱼缸还是大海，你毕竟是在水里！对于鱼来说，还有什么比这更幸运？

人生的两个视点

我们的两只眼睛总是在观察别人，在看别的事物，除了照镜子，很少看自己。现在移开镜子，闭上你的眼睛，向内看，观察自己，看看有何收获？

首先，画一根横轴，中间的原点就是现在的你。

往左看，负轴方向是你的过去，但不是到负无穷远，而是你刚刚出生的那一刻，那个尽头，是婴儿时候的你。

往右看，那是你的将来，同样不是到正无穷大，而是有限的时间，那个尽头，是生命枯萎之前的你，可能是个羸弱老者，也可能是其他形象。

这就是用二维图示展现的你的一生，简洁、明了、直接而决断。

经常画这么一根横轴在你的心里，经常往左往右看看，你可能会感到生命的宝贵和短促，你可能会感到无奈和茫然。

用这个两维视点看自己，就会让我们有敬畏之心、仁爱之心，让我们有所畏惧和有所珍惜。

然后，坐稳，或者站直，沿着你的身体中轴，从头顶往上拉一根无限远的直线。将你的身体留下，带上你的眼睛和灵魂，沿着这根直线往上，往上，再往上……你会发现你的身体越来越小，越来越小……你会成为地面上的一个小点，然后小点也渐渐模糊，连地球也成了一个小点；再往上，太阳系成了一团模糊的星云……暂时到此为止，再往无穷远去，超过了太阳系，连想象力也无法到达吧。

到此为止的认识，就作为我们生命的三维图示吧。类似灵魂出窍，有些玄妙，有些孤寂。

经常从高高的太空看自己，你可能会感到自己的渺小和无意义，宇宙中多一个你，少一个你，有什么差别吗？可能有，也可能没有。

这个第三维视点，让我们变得谦卑和宽容，让我们不要太在乎自己，太注意自己，你就会变得自在，变得轻松。

如果我们无法认识自己，那么我们就去观察那些我们一向不屑一顾的动物，或许，在它们身上，我们能够找到自己的影子。

很多人之所以感到生活沉重，因为他们心里总是装着自己，装着名的渴求，装着利的欲望，装着种种的不舍。如果把这一切忘记，清空自己的心，就会像云一样舒卷自如。

很多都已过去，很多尚未到来——想一想，有什么值得担心？

渺小如同尘埃，虚幻如同无有——想一想，有什么值得贪恋不放？

我们一直在错过

有些人一直没机会见，等有机会见了，却又犹豫了，相见不如不见。

有些事一直没机会做，等有机会做了，却不想再做了。

有些话埋藏在心中好久，没机会说，等有机会说的时候，却说不出口了。

有些爱一直没机会去表达，等有机会表达了，已经不爱了。

有些人有很多机会相见，却总找借口推脱，想见的时候已经没机会了。

有些事有很多机会能做，却一天一天延误，想做的时候却发现没机会了。

有些话有很多机会可以说，却想着以后再说，等要说的时候已经没机会了。

有些爱给了你很多机会去爱，却不在意不在乎，想重视的时候发现没机会了。

人生，总是很讽刺，一转身就是一世。

一生就是一次旅行，要好好对待每一件事，好好对待每一个人，不要留下伤害和遗憾，因为，这次旅途没有回程。

十个“不要”

不要等到想要获得时，才学会付出。付出，才能得到。付出微笑，得到微笑，付出爱，得到爱，播种了，才有果实。如果春天里我们什么也没做，就不要希望在秋天收割。

不要等到孤单时，才想起朋友。朋友是旅途中的甘泉，是夏日的雨伞。当你困惑、孤独、彷徨的时候，朋友是你最忠实的聆听者和陪伴者。可是，朋友也需要回报，需要你的善良、宽厚和包容。朋友不仅要分享你的痛苦，也应该能分享你的幸福和快乐。

不要等身居要职时，才愿意去努力工作。天上从来不会掉下馅饼，有的人一生都在等待称心如意的工作，结果换来的仍然是不如意。其实道理很简单：没有人会把桂冠戴在一个平庸者的头上，在你没有努力之前，不要有太多奢望。怕吃亏的人，永远不会成功。

不要等到失败时，才记起他人的忠告。忠言逆耳，良药苦口，世人往往喜欢听信美言赞语，却不愿意倾听劝谏和忠告。因为赞赏的话总是美丽动人，可是，它容易让我们迷惑，让我们忘乎所以。

不要等到生病时，才意识到生命的脆弱。生命真的很脆弱，一场感冒就可能置人于死地。走在路上，一块石头，都可能把你的脚扭伤。愤怒，狂欢，山珍海味，都不是生命的良友。所以，要爱生命，爱自己。

不要等到分离时，才后悔没有珍惜感情。不经历风雨怎么见彩虹？为什么总是失去以后才知道珍惜？世上哪有十全十美的事等着你？与其追求完美，不如拥有一颗宽容、平常的心。善待别人就等于善待自己。

不要等到有人肯定你时，才相信自己。每个人都是独一无二的，每个人都有自己的优点和长处。自信是人生的阶梯，自信是成功的钥匙。如果总等到别人肯定才相信自己，那你就永远活在他人的桎梏之中。

不要等到别人指出来，才知道自己错了。善于反思，生命才会得到长足的进步。人要学会时刻检点自己，每天回顾自己的作为，知道哪些正确，哪些错误。每个人都会有生活的盲点，有的人喜欢掩饰自己的缺点，有的人勇于承认并及时加以改正。

不要等到腰缠万贯，才准备帮助他人。助人是一种习惯，给予是一种美德。生活中不同的人会遇到不同的困难，需要不同的帮助。所以，不要说只有金钱才能帮人，只有腰缠万贯才能行善。一句话，一举手，都能给别人以支持，如果你愿意。

不要等到生命迟暮，才想起要热爱生活。生活真的很精彩，精彩的生活并没有固定的模式和样板，一切都在于你怎样去引发和创造。生命就像一副车轮，人生就像一条长河，时而风平浪静，时而激越奔腾。生命并不会因人的生老病死而延长，世界不会因为你的沮丧颓废而改变。活在当下，热爱那正拥抱着你的生活！

我们都不是完人，我们需要批评，需要指点。当我们面对着太阳的时候，我们看不见阴影；当我们看见阴影的时候，我们又看不见太阳。所以，我们要学会自省，时时检查自己，在反躬自问中，察看我们的路是否偏离了正确的轨道。

虚度的时光

埃斯特·卡西拉住进了一幢豪华别墅，此后，他每天下班回来，总看见有个人从他的花园里扛走一只箱子，装上卡车拉走。每次他还来不及叫喊，那人就走远了。

这一天，他决定开车去追。那辆卡车就停在郊外的峡谷旁，卡西拉下车后，发现陌生人把箱子卸下来，扔进了山谷。山谷里已经堆满了箱子，规格式样都差不多。他走过去问："刚才我看见您从我家扛走一只箱子，箱子里装的是什么？这一堆箱子又是干什么用的？"那人打量了他一眼，微微一笑说："您家还有许多箱子要运走，您不知道？这些箱子都是您虚度的日子。"

"什么日子？"

"您虚度的日子。"

"我虚度的日子？"

"对。你白白浪费掉的时光，虚度的年华。您曾盼望美好的时光，但美好时光到来后，您又干了些什么呢？您过来瞧瞧，它们个个崭新如初，根本没有用过。不过现在……"

卡西拉走过来，顺手打开了一只箱子。

箱子里有一条暮秋时节的道路：他的未婚妻格拉兹正在那里慢慢走着，孤独寂寞的背影时隐时现。

他打开第二只箱子，里面是一间病房：他弟弟约瑟躺在病床上等他归来。

他打开第三只箱子，原来是他那所老房子：他那条忠实的狗杜克正卧在栅栏门口等他。它等了他两年，已经骨瘦如柴。

卡西拉感到心被什么东西扎了一下，绞疼起来。陌生人像审判官一样，一动不动地站在一旁。

卡西拉说："先生，请您让我取回这三只箱子吧，我求求您。起码还给我三天吧。我有钱，您要多少都行。"

陌生人做了个根本不可能的手势，说："太迟了，已无法挽回。"说罢，那人和箱子一起消失了。

夜幕悄悄降临，把大地笼罩在黑暗之中，卡西拉不知道自己应该做什么。

记得原来这里是一座很漂亮的亭子，亭子旁边的一株高树上，还有一个很漂亮的鸟巢。

我们面前堆着时光的箱子，其中有多少是友情？多少是感恩？多少是颓废的消遣？又有多少是无法挽回的遗恨？时光的箱子，消失在岁月的深谷，我们难道只能站在那里哀声叹息吗？

我们经常想：如果时光重来……其实，每天早晨的太阳不就是重来的时光吗？今天的我们比昨天有多少进步？

没经历挫折的麦穗

上帝还住在地球上的时候，一个农夫找到他，对他说：“我的神啊，也许是你创造了世界，但是你毕竟不是农夫，我得教你点儿东西。”上帝偷偷笑了，对他说：“那你就告诉我吧。”

“给我一年时间，在这一年里，按照我所说的去做。我会让你看见，世界上再不会有贫穷和饥饿。”

在这一年里，上帝满足了农夫所有的要求。没有狂风暴雨，没有电闪雷鸣，没有任何对庄稼有危险的自然灾害发生。当农夫觉得该出太阳了，就会阳光普照；当他觉得该下点雨了，就会有绵绵细雨温柔地落下。

一年的时间到了，农夫看到麦子长得那么好，又到上帝那儿去了。他对上帝说：“你瞧，要是再这么过十年，就会有足够的粮食养活所有的人，人们就算不干活也不会饿死了。”

然而，等到收割的时候，农夫发现麦穗里什么都没有，空空如也。这些长得那么好的麦子，竟然没有结出麦粒。

农夫惊讶极了，又跑到上帝那儿去了：“上帝呀，这究竟是怎么回事呀？”

“那是因为小麦都过得太舒服了。这一年里，它们没经过风吹雨打，也没受到过烈日煎熬，你帮它们避免了一切可能伤害它们的东西。没错，它们长得又高又好，但是你也看见了，麦穗里什么都结不出来。记住这个教训，我的孩子。”

迎接所有的挫折吧，像迎接一切好运那样！在挫折中成长的，必有累累硕果；在挫折中怨恨的，只有秋风落叶。

挫折是生活的一道门槛，把非凡的人放进去，把平庸的人拦在外面。

世界最差拳击手

布克利被称为“世界最差拳击手”，在过去的299场比赛中，他输掉了256场！如此惊人的“战绩”，在世界拳坛绝无仅有，布克利因此闻名天下。

布克利是英国伯明翰市的一名次中量级拳击手，在他20年的职业比赛中，屡尝败绩，常常被打得鼻青脸肿，伤痕累累。在拳击生涯的最后5年，他几乎再未赢过一场比赛，甚至创下了连输88场的“世界纪录”。但他从不放弃，屡败屡战。他从来没有停止过训练，任何时候，只要一接到比赛邀请，他就会毫不犹豫地投入战斗。

按照某些国家的规则，如果拳击手接连输掉10场比赛，就应该取消拳击手资格。英国拳击管理委员会也试图阻止布克利，但是由于英国尚无类似法规，要不要参赛，还得由选手自己决定。布克利坚持参赛，他说：“你可以把我打倒，但你不能阻止我重新站立起来！”

布克利的目标是打满300场。在英国伯明翰市的艾斯顿体育中心，当布克利即将迎来第300场比赛时，他开心地告诉记者：“年轻时，我是一个爱惹麻烦、经常招来警察的野孩子，是拳击让我的生活有了目标。”在他看来，胜负早已变得无足轻重，重要的是，如何尽情享受拼搏的快感。所有人都在为他祝福，世界最差拳击手，没有赢得比赛的奖杯，却赢得了全世界的尊敬。

究竟什么才是失败，什么才算成功？我们可以说布克利是失败者，但更多的人会把他当成英雄，当成人生的楷模。那么多的冠军早已经被淡忘，人们却永远记住了最后一名，那个“失败者”布克利。他战胜了自己，被击倒了，再爬起来，每一次站立都是壮举；受伤了，包扎好伤口重新走上竞技场，每一块伤疤都是骄傲！

多少年后，当布克利渐渐老去，回首往事，仍可以问心无愧，自己曾经努力过，这就足够了。

人生没有成功固然沮丧，但如果连失败也没有，是不是更加悲哀？

如果我们能够理解，生活是过程而不是结果，那么我们就会明白，人生的价值并非一定包含在成功之中，屡败屡战的不懈努力，更能体现生命的坚韧和辉煌。

向往大海的小河

有一条河从遥远的高山上流下来，经过很多村庄与森林，最后来到了一片沙漠。

当它要越过沙漠的时候，发现自己渐渐消失了，它试了一次又一次，总是徒劳。“也许这就是我的命运，我永远也到不了传说中浩瀚的海洋。”它灰心了，颓丧地自言自语。

这时候，身后响起了一阵低沉的声音：“如果微风可以跨越沙漠，那么河流也可以。”原来这是沙漠发出的声音。

“如果坚持你原来的样子，那你就永远无法跨越这沙漠。你必须让微风带着你飞越沙漠，到达你的目的地。只要你愿意改变，让自己变成蒸汽，就可以了。”

小河没有这样的经验。“叫我放弃自己现在的样子，那不等于是自我毁灭吗？”它忍不住问。

“微风可以把水蒸气包含在其中，然后飘过沙漠。到了适当的地点，它就把这些水蒸气释放出来，于是就变成了雨水，然后这些雨水又会形成河流，继续向前。”沙漠很有耐心地回答。

“那我还是原来的河流吗？”小河问。

“可以说是，也可以说不是。”沙漠回答，“不管你是一条河流，还是看不见的水蒸气，你内在的本质从来没有改变。你只不过是灵活地适应了环境，从而改变了命运而已。”

于是水将自己变成了轻轻的气体，跟着风一起走了。

它终于看见了海洋。

毛毛虫怎么到达河的对岸？我们一定认为：那怎么可能？它永远到不了对岸。事实是，毛毛虫最终去了河对岸。它没有坐船，没有过桥，也没有求人把自己捎过去——它变成蝴蝶，飞过去了。人，难道还不如一只蝴蝶？看看这条小河的经历吧，沙漠的教诲怎样改变了它的人生？

人生只有三天

人生到底有多少天？不同的人有不同的答案。但事实是，人的一生无一例外地只有三天：昨天、今天、明天。经营好这三天，就经营好了一生。

昨天的日子很长，说不清有多少天。但不管有多少天，不管是受到挫折，还是取得辉煌，都只能代表过去。昨天贫困潦倒的人，将来可能会变成富翁；昨天锦衣华食的人，将来可能成为乞丐；昨天为人打工，将来可能会变成老板。世上没有永远的胜利，也没有永远的失败。我们不必为昨天的挫折而委靡不振，也不必为昨天的辉煌而狂妄自大。只有把过去的挫折和辉煌都变成今天的基石，才能登上美好的明天。

今天的日子很短，而且正在我们的脚下分秒不停地消失。今天是昨天和明天的接力站，这一棒接得好，便会快步跨入明天；如果这一棒接力出了问题，便会前功尽弃。今天的勤奋，今天的心态，今天的梦想，对于昨天和明天都至关重要。漂亮的今天，不仅可以把昨天的辉煌变成明天的辉煌，更可以把昨日的苦难酿造成明天的财富。因此，身处今天，我们不要总是怀念，总是埋怨，总是感叹……我们应该把每一个今天都当成人生的开始！只有从零开始，脚踏实地，全身心地经营好今天，才会迎来灿烂的明朝。

明天的日子有多长？谁也不知道；明天是辉煌还是落败？谁也不知道。明天可能呈现给我们一片宽广的原野，也可能只是一条狭窄的小道；可能鲜花满途，也可能荆棘丛生。无论如何，我们都应该怀着万分的期盼，万分的感激，万分的执著——怀着这样的心迎接明天，拥抱明天。我们要像画家一样，在心里为明天绘制一幅美丽的图景，像音乐家一样，给自己的明天谱写一支高亢激昂的乐章……然后，奋力向前！

汲取昨天的经验和教训，把握好今天，做好所有的准备，然后信心百倍地去挑战明天！这，就是我们的人生！

时间就在我们疯来疯去的时候，从一个拐角溜走了，等我们回头寻找，只剩下了一些断断续续的回忆……

把今天过好，把现在过好，把此时此刻过好！哲人说：一瞬决定一生。

记住昨天的教训，记住明天的期待，记住——今天会稍纵即逝！

祖母的蛋糕

如果上天给了我们一只酸柠檬，千万别丢掉它，也不要怨恨，用它来做一杯柠檬汁，尝一尝，照样美味无穷！

一点儿快乐，一点儿忧伤，一点儿失意，一点儿成功，一点儿挫折，一点儿期待……千万不要让它们变成负担，变成烦恼。要让它们成为我们的粮食，成为哺育我们的养分，成为推动我们向前的雄心和意志。

男孩一直在向祖母倾诉生活中的不如意——学校生活紧张杂乱，有些同学让他十分厌烦，他想进入校足球队却被拒绝，数学老师经常指责他的小毛病……

祖母一边烘焙蛋糕，一边听着孙子的抱怨。等抱怨完了，奶奶笑着问他："是否愿意品尝一下这些食品？"

男孩看着奶奶面前的一大堆东西，犹豫不决地走过去。

"来，喝点儿食用油。"祖母说。

"讨厌。"男孩说道。

"那么，来两个生鸡蛋如何？"

"太恶心了，奶奶！"

"那么，吃点面粉吧？或者试一下发酵粉？"祖母问。

"奶奶，我都要吐了！"男孩答道。

"那你想吃什么呢？"奶奶问。

"我只想吃您做好的蛋糕！"男孩子愤然答道。

"是的，这些东西单独品尝起来味道都很差。但是，当他们以恰当的比例和正确的方法混合起来时，美味的蛋糕就做成了，"奶奶继续说，"上帝的做事方式也一样，很多时候我们会想，上帝为什么要让我们品尝这么多苦难？这么多不如意？但是上帝知道，当他按照自己的顺序把苦难排列好时，美妙的人生就开始了。"

成功时间表

有人调查了100位世界名人的成功经历，发现成功没有共同模式，也没有时空的限制。

莫扎特3岁能弹奏古典钢琴曲，能记住只听过一遍的乐段。

著名数学家维纳，4岁开始阅读生物学和天文学的初级读物，7岁开始深入物理学和生物学领域的研究，18岁成为美国哈佛大学的科学博士。

肖邦7岁的时候，创作了G小调波罗乃兹舞曲。

爱迪生10岁建立实验室，开始了世界上最伟大的发明。

格特鲁德·埃德，12岁创造女子800米自由泳世界纪录。

15岁，鲍比·费希尔获得“最年轻的国际象棋大师”称号。

21岁那年，奥斯汀出版了世界名著《傲慢与偏见》。

50岁的福特，采用流水装配线，使汽车在全世界开始普及。

53岁，玛格丽特·撒切尔成为英国第一任女首相。

弗朗西斯·其切斯特，64岁时独自乘游艇周游世界。

摩西奶奶75岁才开始学画，80岁举办了首次个人画展。

丘吉尔81岁从第二任首相位上告退，82岁开始撰写四卷本《英国民族史》。

爵士音乐钢琴演奏家、作曲家尤比·布莱克，100岁的时候举办了自己的专场音乐会。在逝世的前5天，他对别人说：“早知道我能活这么久，我会更加努力。”

面对这些名人和大师，我们有什么理由说生不逢时？有什么理由说老大徒伤悲？如果原来我们没有努力，那就从现在开始，成功的时间表就从这一刻开始计时！

岁月

好多年没有见面的朋友，再见面时，觉得他们都有一点儿不同了。

有人有了一双悲伤的眼睛，有人有了冷酷的嘴角，有人是一脸的喜悦，有人却满面风霜……好像多年没能与朋友们共度的沧桑，都隐隐约约写在了他们的脸上。

原来岁月并不是真的逝去，它只是从我们的眼前消失，却转过来躲在我们的心里，然后再悄悄蔓延到我们的脸上，我们的双眸中，我们的举手投足之间。

所以，年轻的你，无论将来会碰到什么挫折，请务必保持一颗宽容喜悦的心。这样，当十几年或几十年后，再和故友相遇，他们才能很容易地从人群中将你认出。

爱的心，装饰爱的容颜，恨的心，装饰恨的容颜。你的焦虑，你的嫉妒，你的烦恼，你的沮丧……心的所有意念，都成为你的化妆师，雕刻你的气质、你的声音、你的眼神和身影。

用你的安详，用你的宽容，用你的坦然，用你的快乐——雕刻美丽动人的岁月！

一个缺点的重量

德国皇帝威廉二世曾设计了一艘军舰，他认为，这是天底下最先进的军舰。于是，他请来了造船专家，希望得到他们的恭维和赞誉。

造船专家观看了威廉二世设计的图纸，说了这样一番话："陛下，您设计的这艘军舰，它的船型将是世上最美的，它的航速将是世上最快的，它的抗击打能力将是世上最强的，它的武器装备将是世上最优的，它的桅杆将是世上最高的，它的大炮射程将是世上最远的……"

"那就赶快把它造出来吧。我相信，它会让我们的帝国威震四方！"威廉二世高兴地说。

"但是陛下，"专家接着说，"您这艘伟大的军舰，看来只有一个缺点，那就是，太重了。只要它一下水，就会立刻沉入海底。"

对于一艘军舰来说，哪怕它有一万个优点，如果它无法浮在水面，那它就一无是处。

一个缺点有多重？对于一条船来说，一个缺点的重量，就是整条船的重量，就是整条船的命运。

人生也是一条船，不管有多强大，不管拥有多少优点，也时刻不要忘记检点自己的行为，查找自己的不足。因为，有时只要一个缺点，就足以摧毁整个人生。

对一艘军舰来说，如果外观有点儿粗糙，没有关系；如果它的名字不太好听，没有关系；如果它有点儿耗能，也没有关系。如果它不能浮在水上，那就很有关系了。

这个故事至少给我们两点启示：做事，要把握事情的关键，不要让无关紧要的细节所蒙蔽，舍本而求末；做人，要保持基本人格，如果失去了人格，无论你表面看起来多么了不起，那也不能算是一个人。

人生最后悔什么

比利时《老人》杂志，曾在全国范围内对60岁以上的老人展开了一次调查，这次活动的话题是：你最后悔什么？

72%的老人后悔年轻时努力不够，以致事业无成。这表明，懒惰是绝大多数人的天性，多几分勤奋的人很容易脱颖而出。

67%的老人后悔年轻时错误地选择了职业。这表明无论选择与否，多数人并不能决定自己从事何种职业，或者说多数人不喜欢自己所做的工作。

63%的老人后悔对子女教育不够，或方法不当。这表明大众教育子女的水平有待提高，社会要足够重视家庭教育问题。

58%的老人后悔体育锻炼和健康保养不够。这表明人在年轻的时候往往对自己的健康太过自信，只有当病到临头时才认识到身体的脆弱。

56%的老人后悔对朋友不够忠诚。这表明缺少诚信已经成为严重的社会问题，这种道德堕落的后果起初是一部分人受害，长此以往，每个人都成为受害者。

36%的老人后悔自己未能周游世界，至少应该多去一些国家或地区。这表明一部分人难以享有便利的交通，或者负担不起太多的旅游费用。当然，有的人是因为眼界狭窄，缺少探索精神。

32%的老人后悔自己一生过于平庸，缺乏激情。这表明，多数人对于刺激、动荡的生活，都采取回避态度。当他们力不从心时，才发现为时已晚。

人生最后悔的是什么？等你后悔的时候，时间已经太迟；知道后悔的时候，已无法挽回。

如果我们每一天都很努力，如果让每一天都过得不一样，如果每一天都有所收获而不是碌碌无为……这样的人生，纵然有许多遗憾，但绝不后悔！